Vom Blick des Mädchens

Holger Niederhausen

Vom Blick des Mädchens

Das Menschenwesen hat eine tiefe Sehnsucht nach dem Schönen, Wahren und Guten. Diese kann von vielem anderen verschüttet worden sein, aber sie ist da. Und seine andere Sehnsucht ist, auch die eigene Seele zu einer Trägerin dessen zu entwickeln, wonach sich das Menschenwesen so sehnt.

Diese zweifache Sehnsucht wollen meine Bücher berühren, wieder bewusst machen, und dazu beitragen, dass sie stark und lebendig werden kann. Was die Seele empfindet und wirklich erstrebt, das ist ihr Wesen. Der Mensch kann ihr Wesen in etwas unendlich Schönes verwandeln, wenn er beginnt, seiner tiefsten Sehnsucht wahrhaftig zu folgen...

1. Auflage Dezember 2018

© Holger Niederhausen · Alle Rechte vorbehalten
Umschlagabbildung: Shutterstock / Irina Bg, verändert.
Herstellung und Verlag:
BoD – Books on Demand, Norderstedt
ISBN 978-3-7481-0260-1

Habt doch Mitleid!
Mitleid mit allem...
Mit eurem eigenen Herzen,
das stirbt, weil ihr es
nicht lebendig haltet.
Das schwach bleibt,
weil ihr nicht schwach seid.
Das nicht berührt wird,
weil ihr die Liebe
nicht mehr kennt.
Habt doch Mitleid...

Wir leben in einer Zeit, in der es vielen materiell besser geht als je zuvor – und zugleich in einer Zeit, in der alle Gewissheiten zu zerbrechen drohen. Die Welt kann jederzeit zugrunde gehen, und der Einzelne fühlt sich machtlos, aber es interessiert ihn auch immer weniger. Wir werden mit Nachrichten überflutet, aber die Herzen sterben...

Der Mensch ist eigentlich etwas unendlich Heiliges im Weltenganzen, aber er erkennt dieses Heilige gar nicht mehr – und das Weltenganze ebenso wenig. Er hat sein eigenes Wesen noch gar nicht wahrgemacht – und verliert es bereits immer mehr. Es liegt darin eine ungeheure Tragik. Aber diese Entwicklung ist nicht zwangsläufig. Denn der Mensch hat noch ein Herz. Dieses Herz mag sterben ... aber es ist noch nicht zu spät. Tief innerlich in den Herzen lebt noch immer eine *Sehnsucht*. Und diese Sehnsucht ist die Hoffnung für das Leben der Herzen, denn solange in ihnen eine Sehnsucht lebt, ist es nie zu spät – niemals...

Wir sehen unsere eigene Sehnsucht nicht – und wir verleugnen sie auch. Es gehört zu der modernen Erziehung der Seelen, sich zu verleugnen. Denn die Seele selbst wird in unserer Zeit ebenfalls verleugnet. ‚Psyche' darf sie sich noch nennen, um die ‚Psyche' kümmert man sich. Sie darf auch krank sein, dann war man nicht ‚stark genug', den Anforderungen des Lebens nicht ganz ‚gewachsen'. Das darf sein, es gibt Menschen, die sich dann um einen kümmern, die Gesellschaft ist ja nicht herzlos, sie ist im Gegenteil gut organisiert und darauf vorbereitet. Aber dass unsere Gesellschaft *selbst* krank sein könnte – sehr, sehr krank –, wer wagt das offen auszusprechen?

Die tiefste Krankheit ist es, die je denkbar war. Es ist die Krankheit, von der etwa die Bücher von Michael Ende handeln: ‚Momo' und ‚Die unendliche Geschichte'. Es ist die Krankheit vom Verleugnen der Seele – und vom Verleugnen des Zartesten, was die Seele überhaupt hat: der Sehnsucht...

Eine Zeit, die die *Sehnsucht* zu leugnen beginnt, hat in demselben Moment begonnen, den Todeskeim in sich aufzunehmen – und dieser Keim wird sich von da an unaufhaltsam ausbreiten, weil ja dasjenige zu leugnen begonnen wurde, was das *Leben* selbst ist. Die Sehnsucht ist es, die das Leben der Seele ist. In ihr liegt das heilige Geheimnis verborgen. Das Geheimnis dessen, was noch alles *werden* kann. Was die Seele noch werden kann. Der Mensch noch werden kann. Das menschliche Miteinander noch werden kann. Was die Welt noch werden kann. *Ein heiliger Ort.* Ein Ort, wie ihn jetzt zunächst nur die Sehnsucht kennt – aber *sie* kennt ihn...

Es gehört zu der modernen Marter der Seele, zu ihrer Konditionierung in einer furchtbaren ‚Gehirnwäsche', dann, wenn sie von solchen Worten berührt zu werden ‚droht', sogleich dasjenige zu denken, was sie dann denken soll, weil die moderne Kultur es ihr beigebracht hat. Sie soll denken: fruchtloser Idealismus, sinnlose Phantasterei und Träumerei, die nicht geeignet ist, das Leben zu bestehen und den Anforderungen gewachsen zu sein. Sie ist nur geeignet, lebensuntauglich zu werden, entweder ein Träumer oder krank von den Verhältnissen. Und beide sind gleich lebensuntauglich – der Träumer und der Kranke, der Idealist und der Depressive.

Wie aber, wenn nicht diese Seelen krank wären, sondern unsere Welt? Wenn wir endlich erkennen würden, *wie* krank unsere Welt wirklich ist? Von Anfang bis Ende, unrettbar krank, nur noch von Grund auf zu erneuern? Und wie, wenn dieses ‚von Grund auf' bedeuten würde, zunächst einmal: von *innen*. Von ganz innen. Von der Seele her...

Was, wenn wir den Mut hätten, uns dies einzugestehen?

Und unsere Seele *würde* es sich in dem Moment eingestehen, in dem sie in der Lage wäre, in diesem einen einzigen Moment zu verweilen, der sie retten würde. Und dieser Moment würde aus dieser Welt bestehen, wie wir sie kennen, mit all ihren Einzelheiten, die wir kaum überschauen, obwohl wir sie alle kennen, wirklich alle, *jede* Einzelheit dieses modernen Lebens, einer Welt, die scheinbar gut funktioniert, die aber an allen Ecken und Enden wie ein furchtbares Geschwür auseinanderzubrechen droht, dieser Welt also ... und dann dem *einen*, reinen, unschuldigen Blick eines Mädchens, das mit entsetzten, mit unendlich erschütterten Augen auf diese selbe Welt blickt und dessen ganzes Herz in allertiefstem Leid ruft:

Was tut ihr!?

Nur dieser eine Augenblick würde die Seele retten. Ein einziger Augenblick würde reichen – aber es muss *dieser* Augenblick sein. Und er müsste *erlebt* werden. Mit dem Blick des Mädchens... Ein Blick, in dem auch sein ganzes Herz lebt, das Herz des Mädchens...

Aber wir haben weder den Blick des Mädchens, noch haben wir sein Herz. Wir können allenfalls für einen *Moment* fühlen, was das Mädchen fühlen mag, und auch dies nur im Ansatz – und dann fallen wir wieder in unsere eigene Seele zurück, die bereits so herz-los geworden ist, so gleichgültig, so gewöhnt an alles, so abgestumpft...

Wir *wissen* – wenn wir noch einen Rest an Empfindung haben –, was das Mädchen fühlt – reines Entsetzen, reine Erschütterung, ein tiefstes Nicht-fassen-Können –, wir verstehen es bis ins Letzte, wir verstehen das Mädchen, wir verstehen auch, *warum* es das fühlt – aber *wir können* es nicht mehr, wir können dies nicht mehr fühlen. Sogar dann nicht, wenn wir ganz und gar verstehen, warum wir dies fühlen sollten. Warum es *richtig* wäre, dies zu fühlen, so zu fühlen – so zu fühlen wie das Mädchen...

Wir verstehen das Mädchen ganz und gar. Wir sind von seinem reinen, zutiefst aufrichtigen Empfinden berührt, vielleicht sogar tief berührt – aber wir *sind* nicht das Mädchen. Wir sind kein Mädchen. Wir sind abgestumpfte Seelen. Die sich sogar noch dahinter verstecken, dass sie sich als ‚vernünftig‘, ‚erwachsen‘ und ‚lebenstauglich‘ bezeichnen, während sie all dies im gleichen Moment dann doch dem Mädchen absprechen müssen. Und zugleich *berührt* es uns und wissen wir, dass nicht *wir*, sondern *das Mädchen* das Allermenschlichste wahrmacht – mit seinem Entsetzen, mit seiner Fassungslosigkeit, mit seiner tiefen Erschütterung, der dann seine Tränen folgen werden, weil es nicht glauben kann, was es sieht...

Der Blick des Mädchens...

Wenn man in diesem einen, nur diesem einen Moment verweilen könnte...

Wenn man dies könnte, würde dieser eine Moment langsam, sanft, unendlich zart ... auf einen übergehen. Man würde sich leise, allmählich, mit ihm durchdringen. *Er* würde einen durchdringen. Dieser Moment selbst wäre es, der die Seele leise, sanft, allmählich verwandeln würde. Der Blick des Mädchens... Nicht, weil wir ihn haben. Sondern weil wir ihn in uns leben lassen. So lange, bis unsere Seele leise beginnt, *auch* mit diesem Blick zu blicken... So lange, bis dieser Blick sanft in uns übergeht, weil wir es nicht mehr anders wollen. Weil wir uns von ihm berühren lassen *wollen* – bis es unser Eigenes zu werden beginnen kann.

Die Seele berührt immer nur das, was mit ihrer tiefsten Sehnsucht zu tun hat. Dass der Blick des Mädchens unsere Seele bis ins Innerste berührt, zeigt, wie sehr sein Blick dem Innersten unserer Sehnsucht entspricht...

Der Blick des Mädchens ist reinste Aufrichtigkeit. In ihm lebt noch nichts von der Abstumpfung und Konditionierung unserer Welt. Keine falschen Begriffe von einem ‚du sollst' und ‚du musst' und ‚du darfst nicht'. *Deswegen* sieht es alles, wie es ist. Und wegen seines Herzens. Denn auch dieses ist nicht abgestumpft. Weder seine Begriffe, sein Denken, noch seine Empfindungen, sein Fühlen. Und auch sein Wollen nicht. Das Mädchen will das unbeschreiblich *Gute*, das reine Gute.

Deswegen lebt in seinem Blick das reine Entsetzen, das tiefe Nicht-fassen-Können. Weil es rein und tief erkennt und empfindet, wie *schlimm* die Welt ist – und weil sein ganzes Wesen sich dagegen wehrt und es *anders* will. Es erkennt mit reinen Begriffen, die noch durch nichts konditioniert sind, und vor allem mit einem unmittelbaren Fühlen, in dem ja das Begreifen, die Weisheit des Herzens lebt.
Das Mädchen erkennt das, was jeder mit einem reinen Herzen erkennen könnte – aber es erkennt dies unendlich tief, weil sein Herz noch *ganz* rein ist. Und nicht nur sein Herz, sondern auch sein Wille. Es will das Gute mit einer unbändigen *Liebe zum Guten*. Das Mädchen kann sich von seinem ganzen Wesen her nicht damit abfinden, dass in der Welt etwas nicht *gut* ist.

Leidenschaftliche, unerschütterliche Liebe zum Guten – das ist das Wesen des Mädchens. Das ist sein Herz. Das – das und nichts anderes lebt in seinem Blick.

So aufrichtig aber, wie sein Blick ist, ist sein ganzes Wesen. Denn sein Blick *ist* sein Wesen. Es kann nur aufrichtig blicken, weil sein Wesen Aufrichtigkeit ist. Es erkennt und empfindet, was in der Welt schlimm ist, und leidet darunter, *weil* sein eigenes Wesen so ganz und gar anders ist. Das Wesen des Mädchens empfindet das Wesen der Welt...

Es ist immer das Wesen des Menschen, das erkennt und empfindet. ‚Sage mir, was du empfindest, und ich weiß, was für ein Mensch du bist...' Sind das Denken und das Empfinden abgestumpft, ist es das Wesen des Menschen.

Wie kann der Blick eines Mädchens so rein und so unschuldig sein? Die Antwort sagt einem unmittelbar der reinste Teil des eigenen Herzens...

Der Blick eines Menschen ist immer nur so rein wie sein ganzes Wesen. Im Lukasevangelium sagt Christus es mit folgenden Worten:

> ‚Niemand aber, der eine Leuchte angezündet hat, stellt sie ins Versteck, auch nicht unter den Scheffel, sondern auf das Lampengestell, damit die Hereinkommenden den Schein sehen. Die Leuchte des Leibes ist dein Auge; wenn dein Auge lauter ist, so ist auch dein ganzer Leib licht; wenn es aber böse ist, so ist auch dein Leib finster. Sieh nun zu, dass das Licht, welches in dir ist, nicht Finsternis ist.'
> (Lukas 11,33-35)

Man kann die Schrecken der Welt nicht mehr sehen, wenn das Schreckliche bereits in einen eingegangen ist. Die Abstumpfung, die Kriege möglich macht, ist die gleiche wie die, die bei Nachrichten von Kriegen gleichgültig bleibt. Die Abstumpfung, mit der die Bauern heute Gift über Gift auf die Äcker sprühen, ist die gleiche, mit der wir die Waren unserer toten Äcker aus den neonbeleuchteten Supermarktregalen kaufen.

Und wenn sich unsere Seele gegen diese ‚Moralisierung' auflehnt und empört, so ist es die gleiche Empörung, mit der an anderer Stelle der Reichtum grafft und ‚vor dem Fiskus in

Sicherheit gebracht' wird – oder mit der die Großmächte in neue Kriege ziehen, ihre Machtspiele spielen, das Menschliche aber geringschätzen. Es ist immer das Gleiche. Es ist immer der Gegensatz zur vollen *Aufrichtigkeit* und zur reinen *Liebe zum Guten*. Es ist immer und überall der gleiche Gegensatz zu … dem Blick des Mädchens.

Was ist es denn, was uns zum Beispiel empfinden lässt, wir stünden vor einem ,Moralisieren'? Es ist das Bedürfnis in unserer Seele, dass wir so, wie wir sind, bereits ,gut' sein wollen. Das Bedürfnis, dass uns niemand sagen soll, wie wir stattdessen zu sein hätten. Niemand soll uns dies sagen, nicht, weil er kein Recht dazu hätte, sondern weil wir uns nicht *ändern* wollen. Die Abwehr gegen jedes ,Moralisieren' ist nichts anderes als die eigene *Faulheit* – der Unwille, ein anderer Mensch zu werden.

Das Mädchen moralisiert nicht. Es empfindet mit seinem reinen Herzen, seinen reinen Gedanken und seinem reinen Willen die Wahrheit, die Wirklichkeit, wie sie ist. Und sie ist so, dass das Mädchen, erschüttert in seinem ganzen Wesen, entsetzt und in tiefstem Schmerz ausrufen muss: ,Was *tut* ihr!?'

Moralisieren ist ein moralisches Belehren von oben herab. Das Mädchen tut das Gegenteil. Es leidet *selbst* am meisten, ja, als Einzige wahrhaft. Es ruft die Wahrheit aus, weil es unsäglich leidet an dem, was es sieht.
Die reine Wahrhaftigkeit, das reine Entsetzen und das reine Mitleid … das ist der Blick des Mädchens. Das Mädchen *kann* nicht moralisieren. Aber die, die vom Blick des Mädchens getroffen wurden – sie können nun anfangen, zu *rationalisieren*.
Und dann werden sie ihm sagen: ,Du hast ja Recht, Mädchen. Dein Empfinden ist aufrichtig. Aber sieh mal… '

Und dann kommen die ganzen ‚Gründe', warum es *trotzdem* nicht anders geht. Warum die Welt nun einmal ‚ist, wie sie ist'. Warum man auch ‚Abstriche machen muss'. Warum man sonst ‚in dieser Welt' gar nicht leben könnte.

Das alles kommt dann, in unendlicher Vervielfältigung und Variation – und schon wäre man herausgefallen aus der *Berührung*.

Denn der Blick des Mädchens *hatte* einen für einen Moment berührt. Aber die Seele erträgt diese Berührung nicht, denn würde sie sie ertragen, müsste sich auch ihr eigenes Gewissen regen, *würde* es sich regen. Und so wehrt sie die Berührung ab – und beginnt zu rationalisieren. Das Herz gibt die Angelegenheit an den Kopf weiter – dieser möge sich darum kümmern...

Man muss sich diesen Moment so erschütternd wie nur möglich vorstellen, ihn als solchen erkennen. Einen *Moment* lang ist die Seele von dem reinen Blick des Mädchens und seiner Wahrheit berührt. Einen Moment lang hätte die Seele die Möglichkeit, *mit* dem Mädchen zu schauen, *wie* das Mädchen zu schauen, zu empfinden, zu fühlen, zu denken, zu wollen – aber sie *vertut* diese Möglichkeit und beauftragt den Kopf, die bereitliegenden Argumente herauszusuchen und anzubringen, um sich zu entlasten und die eigene Abstumpfung zu begründen. Nicht einmal zu verteidigen, sondern als absolut notwendig, normal und das einzig Mögliche darzustellen.

Das Mädchen wird *allein* gelassen. Sein Blick berührt einen für einen Moment – einen Moment lang rührt er wirklich an das eigene Herz, berührt es buchstäblich –, doch dann wird das Mädchen wieder allein gelassen, ja, ihm werden die ‚Argumente der Vernunft' in sein unschuldiges Gesicht geschlagen. Es wird zurückgestoßen – zurück in seine Unschuld, mit der es alleine glücklich werden mag.

Man mag es mit seinen Argumenten noch so ‚gut' meinen, das Mädchen in seinem Idealismus mag einem noch so leidtun – es bleibt dabei, dass man nichts anderes tut, als sich zu entlasten: ‚Es geht nun einmal nicht anders, Mädchen, ich muss *auch* zusehen, wo ich bleibe.' oder: ‚Du hast ja Recht, Mädchen, aber ich kann da sowieso nichts machen.' Oder dergleichen Rationalisierungen mehr. *Und damit lässt man das Mädchen allein.*

Es ginge gar nicht darum, sogleich etwas ändern zu können. Es ginge gar nicht darum, gleich zu wissen, was man im Großen denn tun könnte – oder wo man anfangen sollte – oder wer nun eigentlich Schuld an allem hat – oder, oder, oder. Worum es ginge, einzig und allein, wäre, das Mädchen nicht *allein zu lassen.*
Worum es ginge, das wäre, nach der Berührung durch sein Wesen nicht gleich wieder ‚zur Tagesordnung überzugehen' und die Berührung fallen zu lassen und in das eigene gewöhnliche, abgestumpfte Wesen zurückzufallen, sondern die Berührung *aufrechtzuerhalten.*
Worum es ginge, wäre, die Berührung durch das Mädchen aufrechtzuerhalten, sich berührbar zu halten und wirklich auch weiter von dem Mädchen berührt zu werden, *nicht* zurückzufallen, sondern der Berührung Dauer zu verleihen – so, dass das Herz *Wunde* wird.

Denn was das *Mädchen* sieht, wenn es seine Augen auftut und die Welt wahrnimmt, das ist allergrößte Wunde. Man nimmt seine Erschütterung doch überhaupt nicht ernst, wenn man nicht versteht und empfinden kann, dass der Augenblick, in dem es die Welt wahrzunehmen beginnt, in seinem Herzen die allergrößte *Verwundung* anrichtet? Darin besteht sein Nicht-fassen-Können doch gerade, dass das, was es sieht, allem widerspricht, was in seinem eigenen Herzen lebt! Und dass das, was es sieht, wie ein grausamer Dämon in seinem

Herzen zu wüten beginnt, weil es *schrecklich* anzuschauen ist! Tiefste Erschütterung, tiefstes Mitleid, tiefster Aufschrei. Wollen wir wirklich glauben, dies wäre nicht tiefste *Wunde*?

Wenn aber das Mädchen, das Herz des Mädchens und sein Blick tiefste Wunde sind – wie können wir glauben, wir könnten uns je anders von ihm berühren lassen, dauerhaft, wenn nicht auch *unser* Inneres lernt, Wunde zu werden...?

Aber wie lernt man dies? Wie lernt man das *Leiden*?

Zwei Wege sind denkbar. Der eine ist, sich von dem Blick des Mädchens erwecken zu lassen auch für die *eigene* Sehnsucht. Denn diese ist tief in der Seele verborgen, gefangen, gefangen gehalten von allem, was die Seele abstumpft und ihr die Abstumpfung aufdrängt. Auch die eigene Sehnsucht leidet. Sie würde gerne so frei sein, wie es das Herz des Mädchens noch *ist*. Und wir haben eine Verantwortung für sie, für unsere eigene Sehnsucht. Daran zu leiden, dass wir sie so lange *alleingelassen* haben, unbeachtet, geschändet in ihrer Nichtbeachtung, das ist der eine Weg...

Der andere Weg ist das Mädchen selbst. Daran zu leiden, *dass* wir das Mädchen alleinlassen – solange nicht auch wir mit seinen Augen schauen können, selbst auch leiden können. Denn erst dann wäre das Mädchen nicht mehr allein. Vorher leidet es allein – *für* uns alle, aber allein, ohne irgendeine Hilfe, die es weniger *einsam* machen würde in seiner unendlichen Aufrichtigkeit, mit der es das Schlimme empfindet, das wir alle empfinden sollten, weil es unsere Welt ausmacht – und immer mehr zugrunde gehen lässt.

Man lernt das Leiden, indem man es *findet*. Entweder durch Liebe und Treue zu seiner eigenen Sehnsucht, die man in Wahrhaftigkeit wieder zu finden beginnt. Oder durch Liebe

und Treue zu dem Mädchen, von dessen Wesen man sich so sehr berühren zu lassen beginnt, dass es wehtut... Wehtut, dass man es so lange so einsam und allein gelassen hat...
Und auch *das* ist ein Erwachen zu seiner eigenen Sehnsucht, denn das Mädchen hat mit ihr zutiefst zu tun. Denn das Wesen des Mädchens ist reinste Trägerin dieser zutiefst menschlichen Sehnsucht *nach dem Guten*.

Das Mädchen ist mehr Mensch als jeder andere, weil es weniger das Unmenschliche aufgenommen hat als jeder andere, nämlich *gar nicht*. Es ist das Ur-Wesen des reinen Herzens, in dem nichts anderes als der ur-gute Wille lebt – und in diesem die ganze, tiefe Kraft des *Mitleids* mit allem, dem es nicht gut geht... Das Mädchen ist in seinem ganzen Wesen unschuldigste zarte Liebe zu allem, was ist.

Wenn man *dieses* Mysterium empfinden könnte – das Mysterium des heiligen, zart liebenden guten Willens des Mädchens ... dann würde man beginnen, dem Wesen des Mädchens so innig nah zu kommen, wie es nur möglich ist.

Und dann würde man zu begreifen und zu empfinden beginnen, wie dieses Büchlein auch einen ganz anderen Titel hätte tragen können. Den Titel: ‚Vom Begriff der Sanftheit und der Zärtlichkeit'. Denn um dieses Mysterium geht es – und auch um sein Verständnis.

Das Wesen des Mädchens *ist* Sanftheit. Sein ganzer Blick *ist* zärtlich. Nur deshalb ist er so unendlich berührbar, ist das Mädchen so unendlich berührbar – und *sieht* all das Schlimme. Das Schlimme sieht nur der sanfte Blick, der innig eins ist mit dem guten Willen, der alles mit zärtlicher Liebe anschaut, in der tiefen Hoffnung, das *Gute* zu erblicken – den Frieden, die Harmonie, die Eintracht, das Brüderliche, gegenseitige Liebe –, und der nur aufgrund dessen so tief leiden kann, wenn er etwas *anderes* erblicken muss...

Und warum hat das Mädchen diesen guten Willen, diese selbst auch so zärtliche Liebe zur Welt? Das ist eben dieses heilige Mysterium. In *uns* lebt dieser gute Wille zunächst nur als diese tief verborgene Sehnsucht. Im Herzen des Mädchens lebt dieser gute Wille als unmittelbare heiße Liebe zum Guten – in aller Aufrichtigkeit und Direktheit, ohne jede Abschwächung, Abschattung, Verdecktheit, Gewöhnlichkeit. Erschütternde, reinste Liebe zum Guten – in einer heiligen Leidenschaft...
Aber tief damit verbunden sind Seelenregungen und -färbungen, die diese Liebe zum Guten begleiten, gleichsam ihr heiliger Mantel sind, ihr Atem, ihr Lebensblut. Und ich meine

eben dies: die Sanftheit und die Zärtlichkeit, diese zwei heiligen Geheimnisse...

Was ist Sanftheit? Was ist Zärtlichkeit?

Der Verstand will immer alles definieren – und verstehen. *Nur* verstehen, und wenn er es verstanden hat, ist alles gut – für ihn. Aber unser Weg, die Sanftheit und die Zärtlichkeit in ihrem Wesen kennenzulernen, bedeutet auch, immer mehr zu verstehen, dass es nicht um das bloße Verstehen geht.

Der Kopf ist es, der verstehen will. Das Herz versteht, dass es um viel mehr geht. Dass alles Verstehen nutzlos wird, wenn man nicht mehr *fühlen* kann. Dass alles Leben sinnlos wird, wenn die Seele nicht mehr das *Mitleid* kennt. Denn hier, in diesem Reich, wo das Mitleid lebt, lebt das Geheimnis der Liebe – der Liebe zur Welt und der Liebe zum Guten. Hier lebt das heilige wahre Leben der Seele, ihre reine Schönheit...

Das Verständnis für diese Wesensäußerungen der Seele, die diese Schönheit ausmachen, wächst im *Hineinleben* in diese. Dann erst weiß man wahrhaft, was das ist, Sanftheit, Zärtlichkeit. Vorher hat man nur einen Begriff, weiß es wie eine vage Herzenserinnerung, aber nicht so, dass man es erschütternd selbst *erlebt*. Aber gerade das ist der Blick des Mädchens – es ist *lebendige* Zärtlichkeit und Sanftheit, die bis ins Letzte erschüttert ist von der Grobheit und Gleichgültigkeit dieser Welt, die es erblickt.
Nur wo die Sanftheit in der Seele *lebt*, kann sie auch erschüttert werden. Vorher ist ja gar nichts da, was erschüttert werden kann – und dann wird man eben auch nicht erschüttert, während bereits ein Bruchteil desselben Schlimmen reichen würde, um die Seele des *Mädchens* zu erschüttern.
Es reicht nicht, die Sanftheit nur zu verstehen. Sie muss auch wirklich anwesend sein. Sonst ist man von dem Wesen des

Mädchens nur gerührt – aber das Mädchen ist erschüttert von der Unberührbarkeit *unserer* Seele.

Dass wir uns von dem Wesen des Mädchens überhaupt noch rühren lassen, wäre unsere Rettung. Dennoch wäre selbst dies nur der letzte Ausläufer unserer eigenen Empfindungsfähigkeit. Denn das Mädchen ist durch seine absolute Reinheit tiefste innerliche (und vielleicht auch äußerliche) Schönheit. Von *dieser* berührt zu werden, ist keine Kunst. Und man muss empfinden lernen, was das heißt: dass wir gerade noch von dem unsäglich schönen Wesen des Mädchens berührt werden, das Wesen des Mädchens aber von *allem* berührt wird.

Auch unsere Seele würde erst wieder beginnen, schön zu werden, wahr zu werden, wahrhaft menschlich zu werden, wenn sie lernen würde, wie das Mädchen immer mehr von allem berührt zu werden. Sich immer mehr unendlich *berührbar* zu machen. So sehr, dass es einer Wunde gleichkommt...

Das betrifft das Schöne letztlich genauso wie das Schlimme. Die abstumpfende Seele wird gegen beides gleichermaßen unempfindlich. Es geht nicht, nur das Schlimme von sich abzuhalten. Die Seele sieht dann auch das Schöne nicht mehr wahrhaft – denn sie verdient es nicht mehr. Auch das Schöne sieht wahrhaft nur die selbstlose Seele, die an dem Schlimmen noch zu leiden vermag.
Wahre Schönheit wird ebenso ‚erlitten'. Die Schönheit eines einzelnen vom Herbst gefärbten, auf die Erde gefallenen Blattes an einem frühen Herbstmorgen kann nur dasjenige Herz empfinden, das sich bis in die Tiefe berührbar macht. Die Schönheit muss ohne jeden Widerstand in das Herz *eindringen* können. Das ist dasselbe, wie das Herz zu einer Wunde zu machen. Wir wissen doch, wie empfindsam eine Wunde ist? Noch die sanfteste Berührung macht einen tiefen Eindruck. Noch das für gewöhnliche Augen gewöhnlichste Blatt

wird in seiner unsäglichen Schönheit empfunden. So sehr, so berührend, dass es ‚wehtut'...

Das Herz sieht die wahre Schönheit, wenn es so empfinden kann, als *wäre* es reine Wunde. Wenn das Herz dies wird, ist es in einer allertiefsten Hingabe an das, was es sieht. So sehr Hingabe, dass es nicht mehr so sehr liebend auf die Dinge zugeht – sondern vielmehr liebend sie in sich aufnimmt, berührbar geworden bis ins Letzte.

Und das ist dieses unsagbare Geheimnis der Sanftheit, der Zärtlichkeit. Es ist nicht so etwas wie unternehmungslustiges, aktives Interesse, das polternd auf die Dinge losgeht, kumpelhaft, jovial oder auch nur in anderer Weise aktiv. Es ist etwas zutiefst Zurückgehaltenes, was aber dadurch um so tiefer das andere Wesen in sein Innerstes einlassen kann. *Sich* einlassen kann. Bis zu zartester Selbstverleugnung...

Wenn man es wirklich will, kann man jederzeit empfinden, was das Wesen des Mädchens ist, denn man *weiß* es so unendlich gut... Man weiß genau, dass sein Wesen mit diesen ‚Färbungen' innig verwandt ist – mit dem Geheimnis der Sanftheit und der Zärtlichkeit. Und wenn man in diese Färbungen eintaucht, kann man auch wissen, warum.

Das Licht in der Seele des Mädchens, seine schneeweiße Reinheit, besteht gerade darin, dass es nicht nur eine unbändige Liebe zum Guten in sich trägt, sondern dass es auch selbst durch und durch gut ist. Dies ist ein und dasselbe. Und deshalb ist es auch so unbeschreiblich, so erschütternd selbstlos. Es will nichts für sich, weil es das gar nicht nötig hat, weil es nie auf den Gedanken kommen würde, wozu das gut sein soll. Und es ist ja auch nicht gut...

Und diese Selbstlosigkeit ist das Geheimnis seiner Sanftheit. Das Mädchen ist deshalb so unsäglich sanft, weil Selbstbezug *verhärtet*. Die Liebe zu allem, was um einen ist, ist dagegen dasjenige, in dem das Mädchen fortwährend lebt. Und das hält seine Seele in einer immerwährenden *Hingabe* an diese von ihm so zärtlich und innig geliebte Welt... Das macht seine Seele so sanft – diese fortwährende, unglaubliche Hingabe. Und umgekehrt ist diese Hingabe nur dadurch möglich, *dass* seine Seele so sanft ist, jeglichem An-sich-Denken so unglaublich abgekehrt...

Man muss sich gar nicht streiten, was zuerst da war – die Sanftheit oder die Selbstlosigkeit. Es ist im Mädchen beides *dasselbe* Geheimnis. Wenn eines im Urbeginne da war, dann die Sanftheit. Durch seine Sanftheit konnte das Mädchen niemals selbstbezogen werden. Sie war und ist sein Ur-Heiligtum und sein Wesen: die Sanftheit, unschuldige Sanftheit. Siehe – das Mädchen...!

Wir können diese Sanftheit in unserer eigenen Wahrnehmung üben. *Durch* dieses Üben werden wir immer besser begreifen, was diese Sanftheit ist, weil wir ihr Wesen immer mehr erleben werden. Zugleich müssen wir aber zunächst begreifen, was wir üben können. Das Begreifen fängt also im Kopf an – immer dann, wenn unser Herz nicht mehr wirklich weiß, was es längst vor dem Kopf wissen könnte und ganz gewiss auch schon einmal gewusst hatte, denn wir alle *waren* einmal unschuldig...

So, wie die Sanftheit eine zarte *Zurückhaltung* ist, in allem, so hält sie sich auch im Urteilen zurück. Die moderne Seele weiß gar nicht mehr, was das ist, sie muss es unglaublich stark üben, um es wieder zu lernen. Denn sie, die moderne Seele, urteilt eigentlich *immer*. Sie hat zu allem eine Meinung, ein Urteil, und ohne dies fühlt sie sich nicht wohl, weil sie gleichsam empfindet, dann überhaupt nicht wirklich zu existieren.

Dies wird verstärkt durch die moderne Dauerbotschaft unserer Zeit, die da sagt: Sei du selbst! Verwirkliche deinen Style! Die Werbung suggeriert jedem Einzelnen, dass es darauf ankäme, möglichst ‚individuell' zu werden – und verknüpft ihr Produkt dann mit der Suggestion, dass gerade dieses mit dazugehört, und sei es nur, weil die Firma so sehr hinter diesem ‚Individualitäts-Impuls' steht und ihn begrüßt.
Damit wird das Individuell-Werden mehr und mehr zum kollektiven Zwang – und an das Materielle gebunden. Wer nicht dabei mitmacht, möglichst ‚stylish' auszusehen, möglichst ‚unbeschwert zu genießen' (Cola, Tanzen, Graffiti, Freunde, Spaß, Lachen, Kino, Party...), mit den neuesten Klamotten, coolsten Schuhen, den individuellsten Dienstleistern (‚meine Bank versteht mich') ... der hat den Zug verpasst. Entweder stylish oder langweilig. Wer dieser massiven Werbung nicht

folgt, ist noch gar nicht individuell – das ist die Botschaft. ‚Willst du so langweilig bleiben wie deine Eltern?', ‚Wohnst du noch oder lebst du schon?' – jede kleinste Lebensäußerung (Essen, Trinken, Kleidung tragen) muss zu einem vollen, tiefen, durchgreifenden Ausdruck des Individuellen, des ur-eigenen Stils werden...

Was der Aufmerksamkeit angesichts dieser Flut massenhafter, extrem suggestiver Werbung völlig entgeht, ist die Tatsache, dass letztendlich natürlich alle Ikea-Regale kaufen, Cola trinken, Adidas tragen und so weiter – dass es also nicht das Geringste mit Individualität zu tun hat, dass dies nur *suggeriert* wird. Es wird suggeriert, dass es Spaß macht, Ikea-Regale zu haben und keine anderen, Cola zu trinken und nichts anderes, Adidas zu tragen und nicht etwas anderes – und dass man individuell ist, wenn man ‚Spaß hat'. Diese doppelte Suggestion bindet den Begriff des Individuellen an den Begriff des Spaßes und an die Materie.

Man muss sich das geradezu Teuflische dieser Suggestion einmal mit der vollen Aufrichtigkeit des wahrheitsliebenden Herzens klarmachen. Das, was diese Art von Werbung der Seele millionenfach einprägen, einhämmern, eintätowieren will, ist die Botschaft, dass etwa das *Mädchen*, das in seiner reinen Unschuld in keinster Weise den Spaß sucht, auch nicht die Materie, den Besitz, den Luxus, das stylishe Sich-Einhüllen in Markenprodukte – sondern das in einer reinen, sanften, zugleich aber innigen *Liebe* zur Welt und zum Guten an allem Schlimmen und Gleichgültigen und Zerstörerischen *leidet* ... dass dieses Mädchen noch nicht einmal im Ansatz die ersten Anfänge von ‚Individualität' gefunden haben soll.

Die Werbung verhöhnt im Grunde das Menschlichste überhaupt, nämlich die unbefangene Unschuld, die sich für das Materielle, Markenmäßige, sich auf etwas Äußerliches etwas

Einbildende oder dies auch nur Genießende, noch überhaupt nicht *interessiert*, auch für sich selbst nicht, nicht für die eigene ‚Selbstverwirklichung', sondern nur für das *Gute*, das abgrundtief Gute, für das es eine innige Liebe hegt. Diese strahlende Unschuld wird von der Werbung verhöhnt. Und unsere eigene Seele verliert die Fähigkeit, von dieser erschütternden Unschuld *berührt* zu werden, in dem Maße, in dem sie selbst dieser Suggestion erliegt und dem Genuss und dem vermeintlich ‚Individuellen' nachjagt.

Denn die ‚Selbstverwirklichung' ist schon sehr selbstbezogen, und der ‚Genuss', der ‚Spaß', ist der Gipfel der Selbstbezogenheit. Man kann sich auch im Bau einer Trockensteinmauer für Insekten und andere Tiere ‚verwirklichen', weil zu dem eigenen Wesen die Liebe zur Natur gehört. Und auch dies kann einem ‚Spaß' machen. Was aber in der Werbung fortwährend suggeriert wird, ist ein ‚Spaß', der geradezu aggressiv auf die eigene Person beschränkt ist, die in einem Zentrum steht, das gar nicht mehr steigerbar ist.

Dass es aber auch ein Selbst geben könnte, das sich gerade dadurch verwirklicht, dass in seinem Herzen und seiner Seele eine durch nichts getrübte, reine Liebe lebt – und dass diese Liebe beinhaltet, dass die eigene Person gleichsam das Unwichtigste von allem ist, worin gerade die Unschuld des Mädchens liegt ... das verdrängt diese Werbung bis an den Rand des kollektiven Bewusstseins und darüber hinaus, so dass möglichst nichts mehr von dieser Empfindung übrig ist. Denn dieses reine, unschuldige Bewusstsein möchte nicht *kaufen*, sondern lieben und helfen... Es möchte nichts Materielles, sondern *das Gute*, etwas, was man nie kaufen können wird...

Siehe – das Mädchen...

Dem also steht das von der Werbung Suggerierte diametral entgegen. Aber mit dieser falschen Botschaft des ,Individuell-Seins' geht eben einher, zu allem eine Meinung haben zu müssen. Dies ist schon so tief in die Seele eingeprägt, dass sie sich gar nicht mehr anstrengen muss. Sie hat bereits zu allem eine Meinung – immer, jederzeit, in jeder Sekunde. Sie müsste sich anstrengen, und es wäre fast unmöglich, zu etwas einmal *keine* Meinung zu haben, es einfach offen zu lassen... Aber gerade hier beginnt die Sanftheit.

Und man müsste versuchen, es einmal tief zu empfinden, dass diese Sanftheit bedeuten würde, zu *nichts* eine sogleich dezidierte Meinung zu haben. Dass sie bedeuten würde, alles, alles, was einen umgibt, erst einmal *ganz* so sein zu lassen, wie es ist. Sich ihm sanft nur so weit zu nähern, dass man es überhaupt wahrnimmt. Aber diese Sanftheit bedeutet auch Liebe – es geht also um eine Sanftheit, in der ein grundsätzliches *Wohlwollen* allem gegenüber lebt. Grundsätzlich im Sinne von: zunächst einmal ist dieses da, immer. Die Seele geht wohlwollend auf die Welt zu. Die Liebe zum Guten ist eins damit. Die Seele liebt die Welt, noch bevor sie sie wahrnimmt. Dann öffnet sie die Augen – und dann fühlt sie...

Das ist Sanftheit... Der Blick des Mädchens...

Aber das können wir selbst dann nicht, wenn wir es in dieser Weise versuchen. Unsere eigene Seele ist zunächst in allem grob geworden – selbst in unseren Versuchen, sanft zu sein. Sanftheit ist aber keine ,Technik', die man mal schnell lernen oder üben kann (,so, jetzt sind wir alle ganz sanft zueinander'), es ist eine innerste, eine heiligste Seelenhaltung, Seelenstimmung, Seelenfärbung. Die Sanftheit des Mädchens hat nichts gemein mit der Stimmung in einer Selbsthilfegruppe. In dieser wird vielleicht etwas geübt, und vielleicht gelingt es auch – und trotzdem wirkt es gezwungen, lächerlich, weil man weiß, dass der Alltag bisher und vielleicht auch gleich im Anschluss wieder ganz anders aussehen wird. Bei dem Mädchen ist die Sanftheit jedoch sein ganzes *Wesen* – unmittelbar, unschuldig und rein lebt die Sanftheit in allem, was es tut, in jeder kleinen Geste, in jedem unschuldigen Blick.

Sanftheit geht weit darüber hinaus, freundlich zu sein. „Jetzt sind wir alle einmal ganz freundlich zueinander' – das trifft es eben *überhaupt* nicht. Das Bemühte, vielleicht sogar das erfolgreich Umgesetzte, ist eben keineswegs das Sanfte. Sondern in diesem Sanften, das das Mädchen so sehr in seinem Wesen hat, lebt zugleich dieser absolut *gute Wille* – und auch dieser *sanft*.

Im Grunde ist dies eins mit dem Wesen der Sehnsucht. Das unschuldige Wesen des Mädchens hat eine unendliche *Sehnsucht* nach dem Guten. Und gerade dies ist auch Sanftheit. Nicht die Verwirklichung des Guten durch die ‚Macher', die in Afrika einen Brunnen bohren und dann ist alles ‚gut', sondern die zarte Sehnsucht des Mädchens, das sich danach sehnt, dass die ganze *Welt* gut ist – weil die Menschen nicht nur Brunnen haben, sondern weil sie aufgehört haben, sich die Brunnen und das Land und den Frieden und das Gute gegenseitig *wegzunehmen*.

Das ist die erschütternde Sehnsucht des Mädchens. Und das ist seine erschütternde Sanftheit – dass es mit einer unnachahmlichen Zartheit das Gute liebt, das durch und durch Gute.

Darum gehören all diese Äußerungen – und die zu ihnen gehörenden Begriffe, mit denen diese Äußerungen begriffen, verstanden, erlebt werden – so innig zusammen. Sie sind alle eins, gehen aus einem gemeinsamen, heiligen Zentrum hervor. Und man könnte sagen, dieses Zentrum *ist* das Herz des Mädchens. In diesem aber lebt die innige Liebe zum Guten *und* das Gute selbst. Und so ist letztlich dieses Mysterium des Guten selbst die Quelle. Aber in die Erscheinung tritt die

Sanftheit erst durch eine *Seele*, in deren Herz das Gute wohnt... Es braucht also ein Herz, das das Gute so rein und unschuldig in sich wohnen *lässt*. Dessen tiefe, reine Sehnsucht eins damit ist...

Es geht gar nicht darum, dass wir dies unmittelbar auch versuchen sollen. Wir können es versuchen – aber wir werden unsere eigenen Grenzen sehr schnell bemerken. Was wir jedoch immer tun können, ist, uns von jenem Wesen berühren zu lassen, das dieses reine Herz *hat*. Also von diesem unsäglich unschuldigen Wesen des Mädchens, von seinem Blick...

Was wir selbst nicht mehr können, das vermag sein Wesen, sein Blick – nämlich unser Herz zu rühren. *Wir* können unser Herz nicht mehr so weich und so sanft machen, wie es das Herz des Mädchens immer ist. Aber wenn unser Herz von dem Wesen des Mädchens *berührt* wird – in diesem kurzen Moment *ist* es weich und sanft. Die Berührung des Mädchens *macht* es sanft. Und so lange, wie die Berührung anhält, bleibt es sanft – und spürt, was eigentlich Sanftheit ist...

Das Herz wird immer dann sanft, wenn es berührt wird – oder wenn es lernt, sich berührbar zu machen, wirklich tief berührbar. Aber um dies zu lernen, muss es überhaupt erst wieder lernen, wie sich Berührung *anfühlt*. Und die tiefe Berührung durch das Wesen des Mädchens ist die ergreifendste überhaupt, weil sie von einem reinsten Herzen ausgeht. Wenn das Herz von seinem Wesen berührt wird, lernt es, was Berührung ist – aber es erlebt zugleich, was es bedeutet, *immer* berührbar zu sein. Denn gerade das ist das Wesen des Mädchens... Das Mädchen schenkt der Seele also beides: eine tiefe Berührung und die Offenbarung dessen, was es bedeutet, überhaupt zutiefst berührbar zu sein, und zwar immer...

Der Blick des Mädchens...

Und diese unbeschreibliche Sanftheit, die in *seinem* Wesen lebt, können wir versuchen, auch in unserem Wesen leben zu lassen – wenn wir in die Welt schauen. In jedem Moment, in dem wir wieder den Impuls fühlen, über etwas zu urteilen.

Und wir urteilen eigentlich ständig – und haben auch immer schon geurteilt. Denn wir leben in dieser Maschinerie des gewachsenen Selbstbezuges. Wir haben einen Tisch und finden ihn gut oder schlecht. Wir haben einen Arbeitsplatz und finden ihn gut oder schlecht. Einen Fernseher, einen Computer, einen Jogginganzug. Wir sind *umgeben* von Besitz und Bedingungen – und zu allem haben wir eine Meinung. Wir sitzen im Zentrum, und alles, was uns umgibt, *beurteilen* wir. Denn wir glauben, ein Recht darauf zu haben, dass es uns nicht nur gut geht, sondern so angenehm wie möglich, und wir wollen es im Grunde immer *noch* besser. Kaum einmal sind wir zufrieden – und wenn doch, dann, weil nach unserem Urteil gerade alles ‚gut' (für uns) ist.

Das Urteilen klebt in uns wie ein unauflöslicher Zweikomponentenkleber: hier unsere Seele, da unsere Urteile, und unsere Seele *kann* gar nicht anders.

Und wie anders das Mädchen! Seine Unschuld ist so groß, dass es für sich gleichsam bis an die äußerste Grenze alles *hinnimmt* – während es nur für die Welt ganz und gar das Gute wünscht. Während wir durch unser Urteilen, das immer auf unser Behagen gerichtet ist, eine unbeschreibliche *Anspruchshaltung* haben, beansprucht das Mädchen für sich nichts, im Grunde absolut nichts, sondern es erträgt, wie es ist und wie es kommt, und seine einzige, seine ganze Sehnsucht ist darauf gerichtet, dass die *Welt* gut ist. Nicht für sich, sondern für alle – und für sich zuletzt.

Das Mädchen urteilt nicht in Bezug auf sich, es urteilt ohne allen Selbstbezug, weil es gleichsam gar nicht verstehen kann, dass das Urteilen zu so etwas ‚gut sein sollte', um Ansprüche zu entwickeln. Es ist in seinem *Wesen* selbstlos, weil ein gutes Herz gar nicht an sich denken *kann*. Oder weil es, selbst wenn es dies könnte, es gar nicht wollen würde...

Und wieder geht es nicht darum, zu versuchen, dies unmittelbar nachzuahmen, sondern überhaupt erst einmal zu *empfinden*, was dies dann für das Urteilen bedeuten würde. Dass es bedeuten würde, dass das Mädchen gar keine Urteile *hat*. Nicht in Bezug auf sich, nicht selbstbezogen.

Nehmen wir einmal an, es muss reisen, und es kommt in ein Hotel, das nicht ein Drei-Sterne-Zimmer mit perfekt ausgestatteter Toilette hat, sondern nur eine *Außentoilette*, ein schäbiges Etwas wie in uralten Mietshäusern der vorvorigen Jahrhundertwende. Und versuchen wir nun, mitzuempfinden, wie es nicht etwa empört zum Hotelier geht, um sich zu beschweren, was für unannehmbare Bedingungen hier vorherrschen, sondern wie es die Bedingungen, die es antrifft, einfach *hinnimmt*. Vielleicht einen Moment lang aufrichtig verwundert, weil es dies so nicht erwartet hatte – aber im nächsten Moment schon mit voller Hingabe an das, was eben wirklich da ist. Absolute Hingabe – und so, dass im Grunde alles gleich gut ist, weil es nun einmal so ist. Warum sollte es auch eine eigene Toilette haben, wenn in Afrika die Kinder verhungern? Das Mädchen *fühlt* nicht, dass es eine eigene Toilette haben müsste...

Und hier – hier lebt dieser gute Wille, der das Gegenteil jeder Selbstbezogenheit ist. Es ist eine tiefe *Hingabefähigkeit* an das, was einem begegnet. Ein Hinnehmen ohne Klagen, weil das eigene Wesen gleichsam gar nicht versteht, warum man etwas für *sich* wollen sollte. Es ist allertiefste Bescheidenheit, wenn man so will. Aber nicht nur, weil man mit wenigem zufrieden ist, sondern weil man nicht nach sich geht; sondern weil das Grundlegende eine sanfte Liebe zur Welt ist – die alles liebt, was kommt. Ist es nicht viel besser, eine Außentoilette zu haben, als gar keine? Das ist diese Sanftheit. Es gehört zu ihr auch eine unsäglich zarte Dankbarkeit für alles, was man *überhaupt* hat...

Und das ist diese heilige Kraft, die nicht urteilen muss, weil sie gar nicht versteht, wozu das gut sein soll – über etwas zu urteilen, das doch anders ist, als es ein solches Urteil dann gerne hätte. Das Mädchen liebt und bejaht die Welt, wie sie ihm entgegenkommt – *diese* liebt es bereits, und kein eigenes Urteil und ‚hätte gerne' hindern es daran. Es ist Hingabe. Sanfte Liebe zu dem, was ist...

Es ist klar, dass wir uns dies nicht einfach aneignen können. Dass wir es vielleicht nicht einmal *wollen*. Aber auch um dieses Entweder-Oder geht es gar nicht so sehr – sondern vor allem darum, dieses unsäglich Radikale erst einmal zu *empfinden* – nicht als man selbst, sondern im Sich-Hineinleben in das Wesen des Mädchens. Hier liegt etwas Ur-Menschliches. Und im Mitempfinden und im Sich-Berühren lassen von diesem unsagbar schönen Innenleben und Innenwesen des Mädchens kann man immer noch spüren, wie sehr hier die eigene Sehnsucht angerührt wird oder nicht. Auch das wäre schon wieder ein Urteil, zu sagen: Das geht mir zu weit. Oder: Das schaffe ich ja eh nicht. Oder: völlig absurd und abwegig. – Einfach nur Sich-Einleben in diese unendliche Sanftheit des Mädchenwesens, nichts weiter, nur das...

Und selbst wenn man es niemals in diesem Leben so radikal wahrmachen könnte wie das Mädchen selbst, würde doch schon dieses Sich-Hineinleben dazu führen, das man mehr und mehr spürt, wann man es vielleicht doch wahrmachen könnte, zumindest ansatzweise so wie das Mädchen selbst. Es gibt genügend Situationen. Jede einzelne ist eine, in der man sich dies fragen kann. Und vergessen wir dies nicht: Allein schon das Sich-Hineinleben in das Wesen des Mädchens besänftigt auch *unser* Herz.

Und vielleicht ist es dann das Erste, dass man einmal in einer Schlange im Supermarkt steht und sich wieder aufregt, warum sie so lang ist – ganz egal, ob selbst dies nur zwei Minuten dauert und dann wäre man schon dran, das Furchtbare ist das Warten selbst. Keiner versteht, wie anstrengend der Tag war, wie wichtig man ist und wie schlimm es ist, diesen einzigartigen Menschen warten zu lassen und die Supermarktkassen nicht so zu konstruieren, dass Schlangen völlig unmöglich werden – oder die Angestellten so anzuleiten, dass sie immer dann eine neue Kasse öffnen, wenn man mit seinem Einkaufswagen angeschoben kommt.
Vielleicht ist es das Erste, dass man *dann*, in einem solchen Moment, sich des Mädchens erinnert – und sich leise schämt, es wieder so lange vergessen zu haben, und sich jetzt auch leise schämt, eine Kleinigkeit von zwei Minuten zu einem Elefanten aufzublasen, weil man sich auf einmal mit den Augen des *Mädchens* angeschaut fühlt. ‚Du ärgerst dich über diese Schlange? Und in Afrika sterben die Kinder. Was bist du nur für ein Mensch...' Aber dies nicht vorwurfsvoll, sondern voller Schmerz, Unverständnis, fassungslos. Man selbst ist Teil der Wunde des Mädchens...
Oder man schaut *mit* den Augen des Mädchens auf die Schlange. ‚Es ist doch überhaupt nicht schlimm. Denn wenn es diesen Supermarkt nicht gäbe, müsste ich zum nächsten gehen, und der ist weiter weg, und ob es da besser ist, weiß ich auch nicht. Ich bin so dankbar, dass ich gleich dran bin. Und ich habe sogar alles bekommen, was ich brauchte...'

Kann man sich nicht vorstellen, dass es *unendlich* viele Möglichkeiten gibt, sich in dieser Weise immer wieder neu von dem unschuldigen Wesen des Mädchens berühren zu lassen? Es ist eine absolute Umwendung der ganzen Blickrichtung damit verbunden. Man wird *erlöst* von seinem ,Selbst', das immer wie eine Spinne im Zentrum des Netzes sitzt und alles auf sich bezieht, urteilend nach behagend und nicht behagend – und man nimmt etwas auf von der Schönheit des unschuldigen Wesens, das sonst nur das Mädchen hat, das dessen reinste Trägerin ist.

Jeder kleinste Schritt auf diesem Weg verbindet die eigene Seele tiefer mit der Welt – denn sie sieht von sich ab, und sie beginnt, sich Gedanken über die Welt zu machen, Empfindungen über die Welt, und sie beginnt, dankbar zu sein für das, was ihr begegnet. Es ist ein zartes, ein sanftes, irgendwann immer heiligeres Zusammenwachsen mit der Welt. Die Welt ist dann nicht mehr eine Bühne, auf der ich zurechtkommen muss. Sondern sie ist ein vertrauter Ort, ein *geliebter* Ort.

Die Sanftheit des Mädchens *ist* zarte Liebe zur Welt...

Die ersten Schritte in diesem Sich-Hineinleben in die Schönheit der Unschuld des Mädchenwesens werden also vielleicht darin bestehen, das fortwährend anwesende eigene Anspruchsdenken, das sich bis in die kleinsten Winkel des Lebens erstreckt, ein erstes bisschen zurückzudrängen.

Aber dann kann noch etwas hinzukommen, und das betrifft die Begegnung. Die Begegnung mit anderen Menschen.

Der Selbstbezug erstreckt sich natürlich auch auf dieses Feld. Und unsere Welt ist auch hier so, dass wir fortwährend mit der Botschaft durchdrungen werden: ‚Setz dich durch! Kämpfe für dein Recht, deinen Arbeitsplatz, für alles, was du willst. Wir leben in einer Welt der Konkurrenz, des Kampfes und der Selbstvermarktung. Bestehe darin!' Das ist die Grundbotschaft. Dazu kommt dann auch auf diesem Gebiet das Urteilen. Selbst Smalltalk ist nicht mehr möglich, ohne dass jeder gleich *seine* Meinung zum Besten gibt. Man fühlt sich unterlegen, wenn der Andere etwas anderes meint und man dann nicht auch *seine* Meinung geäußert hat.

Immer weniger geht es überhaupt um Begegnung – es geht immer mehr um das Gehabthaben von Meinungen, um das Anbringen der eigenen Überzeugung, um ein Spurenhinterlassen wie bei den Hunden... Begegnung aber würde bedeuten, den Anderen zu sehen, zum allerersten Mal...

Und wir können dies urbildlich an einer ganz kleinen Situation ins Konkrete versetzen: das bloße Grüßen im Treppenhaus. Man kann dies anerzogen bekommen, dann nützt es wenig. Aber meistens wird es heute ohnehin weggelassen. Menschen, die in *einem* Haus zusammenleben, gehen grußlos, oder allenfalls noch flüchtig gemurmelt oder eben so dahingesagt aneinander vorbei. Der andere Mensch ist unwesentlich, es geht um *mich* – und überhaupt, der Andere grüßt ja auch nicht...

Das ist unsere Zeit – das völlige Zerfallen menschlicher Beziehungen. Basierend auf Ignoranz und Desinteresse – und diese wiederum basierend auf einem immer mehr zunehmenden Selbstbezug. Und selbst wenn man unter dieser Vereinsamung allmählich leiden sollte, interessiert man sich ja immer noch nicht für den Mitmenschen. Man leidet zunächst nur darunter, dass sich keiner mehr für *einen* interessiert.

Wie anders dagegen das Mädchen! Nicht das Mädchen generell, sondern – wie in jedem Moment in diesem Büchlein – das Mädchen mit der reinen Seele, mit dem unschuldig guten Herzen. Dieses hat vielleicht *auch* gelernt und beigebracht bekommen zu grüßen. Aber nachdem es diese Konvention gelernt hat, hat es sich diese zu etwas Ureigenem gemacht (soviel zur Frage der Individualität!) – und nun grüßt es *von Herzen*. Man möchte fast sagen: von ganzem Herzen.

Wenn es die alte Frau aus dem ersten Stock oder den Geschäftsmann aus dem zweiten Stock trifft, grüßt es nicht einfach ‚nur so‘, sondern *aufrichtig*. Es *meint*, was es sagt, sogar noch in der festgefahrensten Konvention – die für das Mädchen keine ist. Wenn es ‚guten Tag‘ sagt, strömt *mit* diesen Worten seine Sanftheit zum anderen Menschen. Sein unschuldig-guter Wille. Es *möchte* freundlich sein – und sogar mehr als das. In diesem einen, kurzen Moment wünscht es dem anderen Menschen eigentlich alles erdenklich Gute, sogar ohne dass es dies weiß.

Es *freut* sich, dem anderen Menschen zu begegnen, weil es das unmittelbare Empfinden hat: mit diesen Menschen lebe ich in einem Haus zusammen. Und so grüßt es *gerne* – jedes Mal, ohne dass es jemals Konvention wird... Es ist eine Art *Liebe*, ohne dass das Mädchen es je so nennen würde. Es ist unschuldig guter Wille, hineingebracht in einen Gruß. Die aufrichtige Freundlichkeit eines Mädchens...

Wenn wir es wirklich schaffen, in diese so ganz andersartige Seelengestimmtheit einzutauchen, dann können wir allmählich immer mehr empfinden, was dies ist: *Sanftheit*. Eine das ganze Wesen durchdringende Sanftheit. Es ist ein tiefes Zurücknehmen des eigenen Wesens und ein zartes Wohlwollen gegen alles andere. Es ist nicht Selbstliebe, sondern es ist aufrichtige Weltliebe. Es geht nicht um ,Sanftheit an sich'. Es geht um die Sanftheit des *Mädchens*. Im Grunde geht es um eine zarte Liebe, die sich als Sanftheit *offenbart*.

Nehmen wir eine weitere winzige Situation: Man begegnet sich in der Weise unangenehm, dass man sich auf der Straße versehentlich anrempelt. Es gibt eine kleine Erzählung, wonach dies einem Weisen geschehen sein soll und er daraufhin erwidert: ,Es gibt zwei Möglichkeiten: Entweder ich war schuld, dann bitte ich Sie höflich um Verzeihung. Oder Sie waren schuld, dann betrachten Sie die Sache bitte als erledigt.' Dies ist wirklich eine weise Überschau, die gleichsam ganz über den Dingen steht und in jeder Lage den Frieden zu finden versteht. Es ist *fast* schon die Haltung des Mädchens. Aber natürlich ist der Weise kein Mädchen – und das Herz des Mädchens hat doch eine sehr andere Haltung.

Wenn wir die absolute Hingabe ernst nehmen, die in einem ganz und gar unschuldigen Herzen lebt, dann erwägt das Mädchen nicht zwei Möglichkeiten, die es fein säuberlich auseinanderlegt, sondern sein erster Impuls ist immer, sich selbst die Schuld zu geben. Oder, selbst wenn es spürt, dass der Andere mit Schuld hat, vielleicht sogar vor allem oder gar allein, dennoch *sich* zu entschuldigen. Es sucht die Harmonie unmittelbar und nimmt dafür alle Schuld auf sich... Seine Grundhaltung mit wirklich fühlendem Herzen ist: ,Oh, entschuldigen Sie bitte – das wollte ich nicht...' Und zwar sogar, wenn der Andere schuld ist.

Man könnte jetzt finden, dies würde das Mädchen nur sagen, solange es sich schwach fühlt und Angst hat, dass es völlig niedergemacht wird. Aber das stimmt nicht. Das mag ein Aspekt sein – aber auch dieser Aspekt trägt ja nur dazu bei, dass das Mädchen so sanft *ist*. Es ist aber ein Grundzug seines Wesens. Sein ganzes Wesen *möchte* nicht streiten, kann dies im Grunde auch gar nicht, will es mit nichts, was in ihm lebt. Es möchte gerade das Gegenteil: *nicht* streiten, sich verstehen, es möchte Frieden – und es *bringt* den Frieden...

Das Mädchen ist die größte Friedensbringerin, weil es immer am liebsten – oder unmittelbar – alle Schuld auf sich nimmt. Kämpfen kann es mit sanfter Leidenschaft nur da, wo es um Andere geht – oder um Anderes, etwa um Gerechtigkeit. Aber wenn es um *seine* Person geht, muss die Gerechtigkeit schon tief, tief verletzt sein, damit es beginnt, auch hier zu kämpfen...

Und auch hier geht es wieder nicht darum, dies unmittelbar ‚nachzumachen‘, sondern darum, es nachzu*empfinden*. Diese unglaublich erschütternde Haltung, die einfach unmittelbar sagt: ‚Oh, entschuldigen Sie bitte, das wollte ich nicht...‘ – und es auch abgrundtief so *meint*. Wieder geht es um ein unglaublich zartes Empfinden, ein unglaublich aufrichtiges Wohlwollen – das gleichsam gar nicht anders kann, als *sich* vom ersten Moment an schuldig zu fühlen und im gleichen Atemzug den *Frieden* zu suchen, die Entschuldigung...
Ins Tierreich übertragen müsste man vom Omegatier sprechen, dem rangniedersten Tier überhaupt, das im Konfliktfall immer seine Kehle darbietet. Aber dieser Vergleich ist eigentlich ganz unzulässig, denn beim Mädchen ist dies viel *seelischer*. Das Mädchen *muss* sich nicht ‚unterordnen‘, es tut es von sich aus. Nicht aus Angst, sondern aus *Liebe*. Und dieser Unterschied ist unendlich schwer zu empfinden. Aber genau hier liegt das Geheimnis seiner Sanftheit...

Statt eines Urteilens finden wir bei dem Mädchen immer etwas anderes ... den guten Willen. Diesen unnachahmlichen sanften guten Willen. Sanft im Sinne von einerseits so zurückhaltend und andererseits um so inniger... Diese Zurückhaltung *ist* gerade dieses Innige, denn es kommt nicht von außen, sondern von ganz, ganz innen.

Der gewöhnliche Wille der heutigen Seele geht direkt nach außen und dient – dem Selbst. Sei es der Selbstverwirklichung, sei es der Selbstdarstellung, der Durchsetzung der eigenen Wünsche, Interessen oder gar Forderungen. Das Selbst steht im Zentrum, ist Zentrum des Agierens, und der Wille dient diesem Selbst. Das Selbst benutzt den Willen, um *seine* Interessen zu verfolgen.

Das muss man spüren, dem kann man nachspüren. Da ist dieses Selbst, das wir so gut kennen, und da ist dieser Wille, den wir im Grunde auch so gut kennen. Man kann spüren, wie die Interessen des Selbst sich gleichsam in den Willen verwandeln, in ihn einfließen, in diese Willensregungen, die uns dann *handeln* lassen – mit einem Willen, der sozusagen durchtränkt ist von diesem Selbst und seinen Interessen...

Und man kann eine Empfindung davon bekommen, wie ‚armselig‘ dies eigentlich ist, wie selbstbezogen, wie einsam, aber auch wie direkt, wie ‚nackt‘, wie fast ‚polternd‘.

Es ist wie eine Art Reaktionskette: Das Selbst hat irgendwann irgendein Interesse. Es bemerkt dieses. Es geht an die Umsetzung. Möglicherweise ohne Rücksicht auf Verluste. In jedem Fall folgt es den Impulsen, die die seinen sind. Interessegesteuert setzt es *sich* für *seine* Belange ein – und fühlt sich benachteiligt, wenn ihnen etwas entgegensteht oder entgegengehalten wird.

Es geht darum, diese Dinge zu *empfinden*. Sie sind ganz nutzlos, wenn man sie nur so herunterliest und gleichsam im Vorübergehen zur Kenntnis nimmt. Auch sie können nur *irgend-*

etwas verändern, wenn man beginnt, zu versuchen, sie wirklich zu empfinden. Auch hier könnte man wieder versuchen, den Blick des *Mädchens* zu spüren, es wie mit *seiner* Seele zu empfinden. Also nicht oberflächlich, polternd, im Vorübergehen. Sondern aufrichtig, tief, mit einem zarten, aber sehr innigen Interesse – sich *berühren* lassend...

Dieses Eine war also der gewöhnliche Wille. Er denkt an *sich* und verfolgt dann das, was *er* will. Das Selbst denkt mit diesem gewöhnlichen Willen an sich und verfolgt die eigenen Interessen. Das Selbst steht im Zentrum, alles andere ist Umkreis und gleichsam nur die Bühne der eigenen Interessen.

Wie anders nun das Mädchen! Es hält seinen Willen eigentlich überall zurück. Statt dies und jenes zu wollen und dann auch einfach zu tun, will es erst einmal ... nichts.
Und *wenn* es ein Bedürfnis hat, dann fragt es sich zuerst, ob es damit ... nicht *stört*. Auch diese Empfindungen, diese innere Seelenhaltung muss man zuerst mitempfinden können, um sie überhaupt zu verstehen. Es ist wirklich ein umgekehrter Wille: Nicht ich bin wichtig, sondern die Welt um mich. Wenn ich nicht aufpasse, dann störe ich sogar...

Man könnte versucht sein, dies als ein Relikt aus der Kindheit zu betrachten – als eine Folge dessen, dass die Erwachsenen das Kind immer so behandelt haben, als würde es stören. Aber es geht hier nicht um Prägungen, nicht um seelische Deformationen und nicht um *Angst*. Es geht um etwas viel Grundsätzlicheres. Und das ist diese kaum zu beschreibende *Umkehrung des Willens*.
Dem so unendlich zurückgehaltenen eigenen Willen entspricht dieser unendlich berührende *gute* Wille gegenüber allem anderen. Dieser aber kann nur da sein, weil der ‚eigene' Wille so unglaublich zurückhaltend ist, so sanft, im besten, buchstäblichen Sinne so *scheu*, so schüchtern... Dies ist das

Geheimnis des guten Willens des Mädchens: der zurückgehaltene eigene Wille, seine Umkehr in den *guten* Willen gegen alles andere...

Man könnte auch versucht sein, diesen guten Willen wiederum nur zu deuten. Auszudeuten und zu sagen: Es ist ein psychologischer Mechanismus. Das Mädchen will deshalb ‚freundlich' sein, um sich nicht zu gefährden. Es will mit allen ‚lieb Kind' sein, weil es dies von Anfang an gelernt hat. Wenn es ‚lieb' ist, passiert ihm nichts. Es ist anerzogen. Es ist aufgeprägt. Dieses Kind hat seine Individualisierung völlig verpasst – es ist Mädchen geworden, aber eigentlich immer nur Kind geblieben.

Nichts wäre falscher als das. Denn im Mädchen *befreit* sich dies alles – und bleibt trotzdem, wie es ist. Und dies muss man *wirklich* empfinden. Man kann nur empfindend, erlebend erkennen, dass der gute Wille im Mädchen keine unbewusste *Taktik* ist, keine Schwierigkeiten zu bekommen, sondern das volle Gegenteil. Etwas unendlich Heiliges. Dieser gute Wille ist *von Anfang an* gut. Es ist etwas, was jeder Mensch mit auf die Erde bringt – und was alle anderen mit der Zeit verlieren, nämlich dann, wenn der Ich-Impuls einschlägt, mehrfach, mit drei Jahren, mit neun Jahren und dann zunehmend mit der Pubertät und bis man erwachsen wird. Immer mehr nimmt das ‚Ich' zu. Aber immer mehr nimmt der gute Wille ab – meistens.

Bei dem Mädchen bleibt dieser gute Wille, der von Anfang an da ist, *in voller Stärke erhalten*. Und er verinnerlicht sich. Er wird immer zarter, immer sanfter, inniger, seelischer, seelenvoller. Das Mädchen entwickelt eine Seele, ein Seelisches, das so groß ist wie keine andere Seele – und der gute Wille wird in dieses Seelische ganz aufgenommen.

Die Sanftheit des Mädchens, die Sanftheit seines guten Willens...

Man könnte der Meinung sein, dass das Mädchen dann doch trotzdem seine ‚Individualisierung', seine ‚Ich-Werdung' verfehlen würde. Aber auch das stimmt nicht.

Dies würde nur stimmen, wenn es so wäre, dass es trotz allem ein Automatismus bliebe. Dass es Angst wäre und bliebe. Oder dass das Mädchen sich nicht bewusst wäre, dass es sich selbst noch ganz anders verwirklichen könnte. Es würde stimmen, wenn das Mädchen an irgendeinem Punkt *stehengeblieben* wäre und den Punkt der Individualisierung gar nicht erreichen würde.

Aber das Mädchen bleibt nicht stehen. Im Grunde geht es sogar weiter als alle anderen. In jedem Fall geht es unerschütterlich seinen Weg. Dies *ist* sein Weg: der Weg der Sanftheit und der Liebe.

Was auch immer es für Prägungen in seiner Kindheit gehabt oder nicht gehabt haben mag – am Ende steht immer das gleiche Ergebnis: Das Mädchen *möchte* freundlich sein. Es *hat* die Welt lieb. Es *trägt* Vertrauen in seinem Herzen. Und es *ist* sanft. Dies alles als ‚nicht erreichte Individualisierung' zu deuten, zeigt die ganze Kälte des bloßen Intellekts, der die Wahrheit nicht erkennen kann, weil diese nur *empfunden* werden kann. Empfunden werden muss, dass das Mädchen in seiner Seele etwas absolut *Heiliges* trägt – das Mysterium des guten Willens. Und dies hat nicht mit einem Stehenbleiben zu tun, im Gegenteil, nur mit einem vollen Voranschreiten, einer unerschütterlich eigenen, heiligen Entwicklung.

Es ist das *Wesen* des Mädchens, sich mit diesem heiligen Impuls zu verbinden, nein, mehr noch: verbunden zu *halten*. Das Mädchen *möchte* nicht egoistisch werden, es möchte nichts anderes als freundlich sein, als die Welt zu lieben, sich in Liebe mit dieser Welt zu verbinden, nicht in Hass, nicht in Gleichgültigkeit. Das ist der wahre Wille des Mädchens, und diesen nicht zu achten, würde bedeuten, ihn völlig zu verkennen. Denn dies ist auch Wille. Nicht der selbstbezogene Wille, sondern der umgekehrte, der *gute* Wille.

Der egoistische Wille hält nur sich für individuell. Dass es auch einen anderen Willen geben könnte, kann er nicht verstehen. Ein Wille, der nicht an *sich* denkt, ist für ihn noch nicht individuell, bei der Individualität angekommen. Dass es ein Mädchen geben könnte, das in seiner ganzen Individualität *den guten Willen* trägt – das liegt jenseits seiner Vorstellungskraft... Für ihn ist dieser ‚gute Wille' immer nur Anpassung. Er kennt ja nichts anderes. Entweder Durchsetzen des Eigenen – oder Anpassung, Verzicht, was aber immer das Negative ist. Individualität bedeutet für ihn, *sich* durchzusetzen, sich geltend zu machen, sich auszuleben.

Das Mädchen aber hat dies alles nicht *nötig*. Es möchte dies gar nicht – und es versteht auch nicht, wozu das gut sein soll. *Sein* Wille ist eben überhaupt nicht darauf gerichtet. Was ist dann sein Wille? Sein Wille ist nicht Geltungswille, Durchsetzungswille, eigenes Interesse, sondern sein Wille ist Liebe, sanfte, zurückgehaltene, aber innige Liebe...
Und das Wunder ist, dass diese Liebe sich noch nicht einmal auf etwas richten muss. Sie ist schon *so* da. Das Mädchen trägt Liebe in *sich*. Es *möchte* lieben – und es wird bei jeder Gelegenheit lieben. Alles, was ihm begegnet, wird es lieben, eben in dieser zarten, zurückhaltenden Weise – lieben, wann immer dieses Andere es ihm möglich macht, es lieben zu *können*. Aber das Mädchen hat diesen unglaublich guten Willen, es zu tun. Wenn es nicht daran gehindert wird, tut es dies, unerschütterlich...

Der gewöhnliche Wille liebt auch – aber eben vor allem sich selbst. Der gewöhnliche Wille ist zunächst absolut grundsätzlich Selbstliebe. Gerade deshalb empfindet man hier ja unmittelbar die Individualisierung. Wir sind es *gewohnt*, unter der Individualisierung genau dies und nichts anderes zu verstehen. Das gerade ist ja die massenhafte Suggestion, die uns auch von überall entgegentönt. ‚Sei du selbst' – und gemeint ist: Verwirkliche diesen Willen, der seine *eigenen* Interessen verfolgt. Je mehr eigene Interessen du hast, desto mehr bist du überhaupt ein ‚Ich'. Es wird als *unterbliebene* Ich-Entwicklung verstanden, wenn jemand nicht seine eigenen Interessen verfolgt – oder sogar gar keine hat.

Diese Blickrichtung kann gar nicht begreifen, dass auch das Mädchen Interessen hat. Aber seine Interessen sind vor allem *Interesse an sich*. Das Mädchen liebt die Welt ja – also interessiert es sich für *alles*. Aber nicht selbstbezogen mit sich im Zentrum, sondern mit diesem warmen, innigen, sanften Liebeswillen seines Herzens in seinem Zentrum...
Man könnte sagen, das Selbst des Mädchens ist sanft eins mit dieser in seinem Herzen glühenden zarten Liebe zur Welt – und natürlich mit seinem ebenso zarten guten Willen, der nichts anderes hofft, als dass in der Welt *das Gute* geschehe...

Das gewöhnliche Selbst ist eins mit der in seinem nicht mehr reinen Herzen wohnenden Liebe zu sich, seiner Selbstliebe, und mit dem ihm zur Verfügung stehenden Willen, mit dem es seine Interessen verfolgt. Das ist das gewöhnliche Selbst. Das Selbst des Mädchens ist etwas, was so unendlich davon entfernt ist – und gerade deshalb ist es so berührend. Denn in ihm sehen wir, was *reine Liebe* ist.
Und würden wir dies wirklich einmal *sehen*, so würden wir auch sehen, dass dies nichts, wirklich nichts mit unterbliebener, nicht erfolgter Individualisierung zu tun hat, nichts mit ‚Lieb-Kind-sein-Wollen' oder was auch immer. Denn wir kennen sehr genau den Unterschied. Wir wissen, was dies Letztere bedeuten würde, wie unselbständig dann alles wäre, wie nach Anerkennung heischend, nach ‚Nur-nichts-falsch-

machen-Wollen'. Wir wissen sehr genau, was unterbliebene Individualisierung ist.

Wenn wir uns aber nur ein einziges Mal mit *unserem* guten Willen wirklich auf die reine Wahrnehmung des Mädchens einlassen könnten – nicht mit unseren Vor-Urteilen, sondern wirklich rein wahrnehmend –, dann würden wir *erleben*, wie im Mädchen alles in der schönsten, freien Weise dahinströmt, sich frei offenbart, als wirkliche Liebe. Das Mädchen hat genau das entwickelt, was es möchte – und dies offenbart es auch. Siehe – das Mädchen...

Es sind auch verschiedene Urbilder, die hier beschrieben werden. Das Mädchen *kann* sehr scheu sein, es *kann* auch die Angst haben, etwas falsch zu machen, und man könnte sich vorstellen, dass es *trotzdem* nicht eine bloß rudimentäre Entwicklung durchgemacht hat, sondern dass sein eigentliches, sein höheres Wesen sich *entschlossen* hat, das eigene Seelenwesen in genau diesem Zustand zu halten. Nicht eigentlich Angst ist es dann, sondern Scheu, scheue Zurückhaltung, Angst oder Scheu, *sich* zu offenbaren – aber ein Mädchen offenbart sich immer, so offenbart es eben seinen absolut zarten, unendlich sanften, selbstlosen Willen...
Das Mädchen braucht aber auch nicht scheu oder sogar fast ängstlich zu sein. Es kann seine zarte Anmut auch ganz ohne Scheu offenbaren – indem es sich gar keine Gedanken darüber macht, irgendwo anzustoßen, vielleicht verletzt zu werden. Auch keine Gedanken darüber, vielleicht jemanden zu stören oder was auch immer. Sondern sein liebes, berührendes Wesen einfach auslebt, gleichsam nichts von seiner eigenen Schönheit wissend...

Das sind zwei verschiedene Möglichkeiten: ein Mädchen, das seiner selbst völlig unbewusst sein zartes Wesen einfach so offenbart, wie es ist. Oder ein Mädchen, das sich doch viele Gedanken macht, dessen Zurückhaltendes sich auch in seinen

Gedanken zeigt, wodurch es ein gewisses Bewusstsein von sich hat, auch wenn es sich nach wie vor nicht ins Zentrum stellt, im Gegenteil.

Was aber immer da ist, ist der gute Wille, mit dem zugleich dieses erschütternde, völlige Von-sich-selbst-Absehen einhergeht. Und was ebenfalls immer da ist, egal, ob das Mädchen von sich weiß und sich Gedanken macht oder nicht, ist die Sanftheit, die Zartheit, diese unbeschreibliche Anmut. Es ist immer die Offenbarung der Unschuld. Diese gerade ist das Wesen des Mädchens. Sanfte, zarte, liebevolle Unschuld...

*

Wenn wir dies nun wieder in die Begegnung mit einem anderen Menschen bringen, können wir weiter nachempfinden, was der tiefe Unterschied zu unserer gewöhnlichen Seele ist.

Nehmen wir an, das Mädchen begegnet einem beliebigen Menschen, fremd, aber durch irgendwelche Umstände eine Begegnung.

Das Mädchen würde diesen anderen Menschen zunächst nicht von sich aus ansprechen – sein Grundimpuls ist ja, sich nicht aufzudrängen. Viele Gespräche beginnen ja mit dem unerkannten Impuls, *sich* wichtig zu machen, irgendeine Kommunikation zu beginnen, um das Gefühl zu haben, wichtig zu sein oder überhaupt zu existieren. Das hat das Mädchen überhaupt nicht. Es hält sich grundsätzlich ganz zurück. Aus *sich* heraus hat es nicht den Impuls, jemanden anzusprechen. Dafür hält es sich selbst für viel zu unwichtig.

Aber es könnte sein, dass etwas an dem anderen Menschen es doch dazu anregt oder ermutigt, diesen anzusprechen. Sei es, dass etwas seine sanfte, zurückhaltende Neugier erweckt hat (die immer auch Liebe, Interesse ist), sei es, dass in irgendeiner Weise sein *Mitleid* erweckt wurde – das ebenfalls Liebe ist. Es würde schon reichen, dass das Mädchen empfindet, dass ein anderer Mensch sehr einsam aussieht... Dies würde schon reichen, um ihm trotz aller Scheu den Mut zu geben, diesen Menschen schüchtern und vorsichtig anzusprechen, nur um ihm irgendwie ein bisschen Wärme zu schenken.

Aber nehmen wir an, dies alles wäre nicht der Fall und das Mädchen würde sich deshalb völlig zurückhalten. Wenn es aber nun selbst angesprochen würde – was würde dann geschehen?
Spätestens jetzt würde das Mädchen beginnen, das Gegenüber bewusst wahrzunehmen – und die volle Aufrichtigkeit würde diesem Gegenüber entgegenstrahlen, wie eine Sonne... Das Mädchen *kann* nur aufrichtig sein. Es würde dem anderen Menschen mit dem ganzen Interesse begegnen, das fortwährend in seinem Wesen lebt. Wenn es scheu wäre, wäre das Ganze von dieser Scheuheit begleitet, aber eben immer zugleich auch von dem guten Willen. Scheu ist nicht Ablehnung, es ist Unsicherheit. Aber selbst und gerade auch in dieser Unsicherheit kann dennoch der *gute Wille* leben.
Und das bedeutet gleichsam, dass das Mädchen noch in der größten Unsicherheit versucht, so zu handeln, als ob es absolut *vertrauen* würde oder könnte. Es versucht, um jeden Preis freundlich zu sein – denn das ist sein wahrer Wille, selbst wenn die Scheu es daran hindern mag. Das gerade ist das Berührende des Mädchens, dass es zwar vielleicht sehr schüchtern sein mag, niemals aber ablehnend.
Der gute Wille lehnt nicht ab – er lebt gerade in sanftem, zartem Interesse, in aufrichtiger Zuwendung, es ist wirklich der *gute Wille*. Und das und nichts anderes ist das *Mädchen*.

Wo also die gewöhnliche Seele in der Begegnung mit einem anderen Menschen allenfalls ein oberflächliches Interesse entwickelt – immer auch mit dem Motiv, *selbst* zu gefallen, *selbst* als netter Mensch anerkannt zu werden –, da lebt in dem Mädchen von Anfang an *aufrichtiges* Interesse, aber nicht direktes, polterndes, bohrendes, aufdringliches Interesse, sondern grundsätzliches, immer vorhandenes, eben diese sanfte, zärtliche, zurückgehaltene fortwährende Zuwendung zur Welt. Warmes, leises, unschuldiges Interesse. Reinste Aufrichtigkeit...

Auch dies ist wieder der umgekehrte Wille. Nicht der gezielt zustoßende, von eigenem Interesse geleitete Wille, sondern der sanfte, ganz zurückgehaltene Wille, der zwar *auch* Interesse ist, warmes Interesse, der aber das andere aufnimmt, gleichsam einlädt, sich zu offenbaren... Das Mädchen öffnet die Augen und lässt die Welt zart in seine Seele *hinein*. Es öffnet der Welt sein Herz.

Das ist diese unbeschreibliche Geste, die die ganze Anmut des Mädchens ausmacht. Es ist ein unbeschreiblich unschuldiges *Sich-Öffnen*. Nicht jenes ,Sich-Öffnen', mit dem jemand stundenlang über sich plaudern kann, um so fortwährend nur sich selbst im Mittelpunkt zu haben (und seine Sehnsucht nach Anerkennung) – sondern ein stilles, unschuldig schweigendes, wahres Sich-Öffnen, damit *das Andere* eintreten kann...

Wenn das Mädchen seine Seele öffnet, strömt nichts *heraus*, sondern still, mit sanfter Zuneigung wartet seine unschuldige Seele, und es strömt etwas *hinein* – nämlich die Welt...

Wollte man mit den heiligen Bildern des Evangeliums sprechen, könnte man sagen, das Mädchen legt sein heiliges Brautgewand an – und das *ist* nichts anderes als seine unschuldige Seele – und wartet auf den Bräutigam, und das ist nichts anderes als die Welt, oder auch der Mensch, der ihm gerade begegnet.

Es geht um die heilige Unschuld der Begegnung. Jede Begegnung in Unschuld ist eine Kommunion, eine heilige Vereinigung. Denn das Mädchen schenkt *sich* ganz, sein heiliges, aufrichtiges Interesse – und es empfängt, lässt in sich ein, nimmt sanft in sich auf, was ihm begegnet...

Gerade das ist dieser umgekehrte Wille, der im Grunde absolute Hingabe ist. Es ist eine ur-weibliche Bewegung. Es ist das Wesen des Mädchens...

Der Blick des Mädchens ist ein Blick ohne Urteile. Gerade darin liegt seine Aufrichtigkeit – es ist ein Blick, der nichts *über* den anderen denkt, sondern der so aufrichtig und unschuldig wie möglich nur wahrnimmt. Und die Gedanken und Empfindungen, die *dann* kommen, sind *wahr*, weil sie wirklich aus einem reinen Herzen kommen.

Im Grunde ist dieser Blick des Mädchens auch das große, hohe Ideal, wenn man sich auf ein Kunstwerk einlässt. Das verstehen wir – dass es hier ein Ideal wäre. Aber es wäre *immer* ein Ideal.

Bleiben wir bei der Kunst, können wir feststellen, wie aber auch hier die Menschen meistens oder eigentlich immer mit ihren eigenen Vorstellungen und Vorurteilen oder viel zu schnellen Urteilen an ein Kunstwerk *herangehen*. Nehmen wir als Beispiel die sogenannte abstrakte Malerei, in der nichts Realistisches mehr sichtbar wird, sondern nur noch Farben und Formen zu sehen sind.

Man könnte nun mit einer vorgefassten Meinung an ein solches Bild herangehen. Man könnte bereits von vornherein der Meinung sein, dass das Unsinn ist, verschwendete Zeit. Oder dass jedes Kind so etwas malen könnte. Oder dergleichen mehr. Dann ist das Schicksal des Bildes bereits besiegelt, wenn man ihm gegenübertritt, das Urteil gesprochen. Das Bild hat gar keine Chance mehr...

Oder es könnte sein, dass man ein winziges bisschen offener an das Bild herantritt. Aber dennoch möchte man es ,verstehen'. Und weil der gerichtete Intellekt, der sofort etwas erkennen, verstehen und einordnen möchte, an dem Bild nichts zu ,fassen' kriegt, lässt er nach kurzer Zeit enttäuscht von seinem Versuch ab und sagt sich: An diesem Bild *ist* ja gar nichts zu erkennen, es ist im Grunde wertlos, sinnlos, bedeutungslos. Und wieder hatte das Bild keine Chance.

Und wie anders geht wieder das Mädchen an ein solches Bild heran! Es geht eben *gar* nicht ‚heran' im Sinne eines zugreifen-wollenden Vorgehens. Es will das Bild nicht in seine *Verfügung* bekommen, es will es auch nicht mit seinen Urteilen dominieren, die es nämlich gar nicht hat. Sondern es will dem Bild *begegnen* – und es tut alles, damit gerade dies möglich wird: Begegnung. Heilige, unschuldige Begegnung.

Und was tut das Mädchen dann? Es tut eben nichts. Das, was es im Grunde sonst auch tut: nichts. Es ist der umgekehrte Wille. Es lädt das Bild ein, zu *ihm* zu kommen. Und sich öffnet es... Sein Herz, seine Seele. Es öffnet sich – und wartet...
Und das Bild kommt. Es kommt zu dem Mädchen – obwohl es zu niemandem sonst gekommen wäre. Es kommt nur zu denen, die reinen Herzens sind. Dort spricht es sich aus – in dem reinen Herzen. Hier, in der unschuldigen Seele des Mädchens, beginnen die Farben zu *leben*. Hier beginnen sie, ihr Wesen auszuleben, zu tanzen, zu singen, miteinander zu sprechen. Das ganze Bild wird lebendig, und bestünde es nur aus einer *einzigen* Farbe.
Das Herz des Mädchens ist *so* still und seine zarte, wartende Zuneigung ist *so* innig, dass in seinem Herzen noch die schweigendste Farbe zu sprechen beginnt. Denn auch die Bilder sind scheu. Auch sie sprechen sich nur dort aus, wo sie bis ins Allertiefste *willkommen* sind. In einer unschuldigen, durch und durch freundlichen Seele. Da beginnen sie zu leben.

Und das Mädchen erfährt die Kommunion mit dem Bild, mit dem Wesen dieses einen Bildes... Das Mädchen hat *sich* hingegeben, und darum gibt sich das Bild *ihm* hin...

*

Wäre unsere eigene Seele rein und unschuldig genug, könnten wir empfinden, wie dies das Ideal *jeder* Begegnung ist. Es ist im Grunde das heilige Geheimnis von Ich-Du, wie es Martin Buber gleichsam besungen hat.

Das Du des anderen Wesens ist immer unverfügbar, unantastbar und unverletzlich – aber auch unzugänglich, es sei denn, das Ich öffnet sich ganz und gar unschuldig für das Du und lässt dessen Geheimnis in sich eintreten... Das ist diese heilige Kommunion der Begegnung, die heilige Vereinigung. Das gegenseitige sanfteste, zärtlichste Aufnehmen des Anderen in heiligster Wahrnehmung der eigenen scheu und unschuldig gewordenen Seele. Ein vollkommenes, zartes Sich-Öffnen und ein leises Sagen: ‚Komm... Ich habe mein heiliges Inneres für *dich* geschmückt. Tritt ein, du bist unendlich willkommen...'

In dieser unendlich reinen Seelenhaltung wird Begegnung zu einem Heiligtum, zu einem Sakrament. Sie wird *selbst* zu einem Kunstwerk. Das Soziale, menschliche Begegnung als solche, wird zur höchsten, zur heiligen Kunst. Denn sie wird ein Meisterwerk, etwas, was eine allerhöchste *Schönheit* offenbart, eine zutiefst rührende Schönheit, weil sie eins ist mit heiligster Moralität, davon absolut nicht mehr getrennt. Es ist *das Gute*, was hier stattfindet, sich ereignet – und das Gute ist von tiefster Schönheit...

Das Soziale, die menschliche Begegnung, wird zur Kunst, wenn sie nicht mehr willkürlich und ad hoc irgendwie bewältigt wird, sondern wenn sie mit dem vollen, und zwar dem vollen guten Willen *gestaltet* wird, so unschuldig und behutsam, so scheu und vorsichtig, zugleich aber auch so sanft und zärtlich wie möglich. Das alles ist das Mysterium des guten Willens, der zugleich Liebe ist. Das alles ist das Mädchen.

In niemandem lebt so sehr die Begegnungsqualität der Zukunft wie in dem Mädchen. Denn in ihm lebt der reinste gute

Wille, gepaart mit unschuldigstem Interesse und sanfter scheuer Zuneigung ... zur Welt, zu allem Einzelnen. Das Mädchen kann sich in jedem Moment zur Braut machen – für die heilige Hochzeit, die Begegnung *immer* sein sollte.

Eine Hochzeit, eine heilige Vereinigung, kann nur da stattfinden, wo geliebt wird. Eine unschuldige, wahre Hochzeit ist nicht möglich, wo man sich *selbst* liebt. Sie ist nur da möglich und *ereignet* sich auch da, wo der Andere geliebt wird. Immer geht es um das Geheimnis der Liebe, in jeder Begegnung. Jede wahre Begegnung ist nur möglich, wenn geliebt wird.

Und das Geheimnis der Liebe des Mädchens ist, dass sie wie eine Sonne ist – nichts ausschließend. Das Mädchen liebt nicht dieses und das andere nicht. Sondern es liebt alles – und jeden. Vielleicht liebt es *einen* Menschen ganz besonders – aber das bedeutet nicht, dass es alles andere nicht mehr liebt. Sondern seine Liebe ist unerschöpflich. Sie ist das heilige Leben seines Herzens.
Heilige, sanfte, zurückhaltende, aber wahre und aufrichtige *Zuneigung* zu allem, was ist. Von vornherein, bedingungslos. Das ist die Liebe des Mädchens. Das ist es, was das Mädchen in jedem Moment wieder zur Braut werden lässt. ‚Komm... Du bist wahrhaft willkommen. Ich will dich erkennen – wie du bist...'
Und sie erkannten einander... Das Mädchen erkannte sein Gegenüber – und sein Gegenüber erkannte das Wesen des Mädchens...

Eine innige Zuneigung des Mädchens gehört der Natur... Insbesondere den Tieren gilt seine Liebe. Warum ist das so? Nun, auch die gewöhnliche Seele, wenn sie noch nicht ganz verdorben ist, empfindet etwas in der Begegnung mit Tieren. Das Mädchen aber liebt sie unmittelbar. Denn in den Tieren erlebt das Mädchen gleichsam etwas Seelenverwandtes – ihre Unschuld.

Das Tier ist ein unschuldig lebendiges Wesen, das auch Schmerz, Leid empfinden kann. Die Geschöpfe sind, wie sie sind. Sie können nichts für ihr Sein, für ihr Aussehen – und das Mädchen spürt gleichsam ihre ganze Unschuld. Jedes Tier ist ihm sozusagen ein willkommener Gefährte seines eigenen Daseins. Und es fühlt sich etwa einem Reh oder einem Häschen unendlich verwandt, weil es *deren* ganze Unschuld spürt. Weil die Tierwelt unendlich gut ist, gut und unschuldig, niemals böse.
Das ist die Überzeugung des Mädchens. In der Tierwelt *gibt* es das Böse nicht – nur das Unschuldige. Und da die ganze Seele des Mädchens sich nach dem *Guten* sehnt, findet es in der Tierwelt, in der Natur überhaupt, eine tiefe Resonanz auf diese heilige Sehnsucht seines Herzens.
Das Mädchen weiß nichts davon, dass sein eigenes Herz so rein wie eine Blume, so unschuldig wie ein Reh ist – es liebt die Natur *um ihrer selbst willen*. Die Natur enttäuscht das Mädchen nie. Von Menschen mag es enttäuscht werden, nicht aber von einem Tier, nicht von den Pflanzen, nicht einmal vom Regen, von dem es überrascht wird. Das Mädchen *liebt* die Natur...

Und deshalb kann das Mädchen gerade auch hier so innig mitfühlen wie nirgendwo sonst. Es kann schon überall sonst mehr mitfühlen als irgendjemand anders – aber in der Natur kommt seine ganze Liebe völlig zum Vorschein.

Es kann neben einem kleinen Tier hinknien und es voller Versunkenheit und lieber, zarter Zuneigung betrachten. Nicht das kleine Mädchen, nicht die kindliche Liebe, sondern wirklich die seelische, tiefe Liebe eines *Mädchens*.

Und gemeint ist auch diese Geste selbst: das Sich-Hinknien, das versunkene Sich-Hinbegeben zu dem Ort des Tieres, auf den Boden... Das Mädchen ist das einzige Wesen, das sich ohne falsche Scham, dafür aber mit einer unendlichen Anmut *hinknien* kann. Und in der Natur braucht es auch gar keine Scham. Es ist unter seinesgleichen – unter Geschöpfen, die nur die Unschuld kennen, keinen Spott, keine Urteile, kein heimliches Belächeln.

In unschuldigster Geste kniet sich das Mädchen zu dem Tier nieder, um ihm noch viel näher zu sein. Es ist seine sanfte Zuneigung selbst, die ihm die Knie beugt. Es kniet nicht bewusst nieder und fängt dann neu an zu betrachten, sondern seine strömende Liebe *ist* sein Niederknien, und in einer einzigen Bewegung geschieht dies, von Anfang bis Ende aufrichtige Zuneigung. Und *das* ist Anmut. Die vollkommene Unschuld der Bewegung... Das Mädchen *wird* bewegt – weil sein Herz bewegt ist... Die zarten Glieder des Mädchens werden von seiner eigenen zarten Liebe bewegt. Es braucht gar nichts dazu tun...

Und geschieht dies schon bei jeder gewöhnlichen Begegnung mit etwas, was seine Liebe erregt – um wieviel mehr, wenn sein Mitleid aufgerufen wird! Wenn wir uns vorstellen, dass das Mädchen einem verletzten Tier begegnet...

Wenn es einem Tier in Not, einem hilfebedürftigen Tier begegnet, dann, möchte man sagen, eilt sein Herz ihm schneller entgegen, als es seine Beine können – und sein Herz kniet schon neben dem Tier, bevor es sein Körper tun kann. Und voller Liebe versucht sein Herz, Wege zu finden, dem Tier zu helfen – und ruft verzweifelt auch dem Kopf zu, dabei mitzuhelfen.

Und wenn wir mitempfinden können, wie dies geschieht –
dieses zu dem Tier fliegende Herz des Mädchens, diese in
innigster Zuneigung geschehende Geste des Sich-Nieder-
kniens zu dem Tier ... dann wissen wir, was die Liebe des
Mädchens ist...

*

Das Mädchen liebt aber die *ganze* Natur. Es liebt auch die
Pflanzen, sogar die Steine, den Boden, auf dem es gehen darf.
Warum sollte die Liebe des Mädchens irgendwo aufhören?
Sie tut es nicht...

Warum haben wohl die Mädchen früher Kränze aus blühen-
den Blumen geflochten? Weil ihr Herz unmittelbar aufging
inmitten der ganzen Schönheit der *Blumen*. Das Mädchen
weiß nicht, dass es die schönste Blume auf der ganzen Erde
ist – aber seine Seele fühlt sich auch ihnen, den Blumen,
innig verwandt. Ihre Schönheit berührt das Mädchen unmittelbar, weil es *immer* eine tiefe Sehnsucht nach Schönheit hat.
Die Natur ist schon deshalb schön, weil sie unschuldig ist.
Aber darüber hinaus ist sie auch noch unendlich schön *in
sich*. Kein Künstler konnte je so schöne Formen ersinnen, wie
sie die Natur noch in der kleinsten *Blüte* offenbart. Die Natur
ist übervoll, unfassbar übervoll von Schönheit. Und die Seele
des Mädchens blüht weit auf, wenn es in der Natur sein darf...

Das Mädchen liebt sogar die Steine, weil es eine unendliche
Fähigkeit zur Dankbarkeit und zum Staunen hat und eine unerschöpfliche Zuneigung hat. Vielleicht macht es auf seiner
Wanderung eine Pause auf einem Stein – und liebt ihn schon
deshalb. Weil er da ist. Weil er seit Ewigkeiten an dieser
Stelle liegt, einfach so, treu und unerschütterlich. Das Herz
des Mädchens *weiß*, dass dies nicht nichts ist – dass dies viel
mehr ist, als jede andere Seele meint.

Oder es findet einen schönen Stein – einen Stein, der einfach deshalb schön ist, weil er vielleicht so schön glatt ist. So glatt, dass man mit den Fingern sanft darauf entlangstreichen kann und die Glätte fühlt... Es braucht unendlich wenig, damit das Mädchen etwas *schön* finden kann. Nicht nur schön, sondern sogar schon besonders, besonders schön. Selbst unter den Steinen ist die Vielfalt des Schönen unermesslich – und das Mädchen sieht sie, denn es sieht noch alles...

Und selbst noch die Steine am Wegrand oder unter seinen Füßen. Ein Weg, eine Landschaft ist anders *mit* oder aber ohne die Begleitung von Steinen. Auch wenn sich das Mädchen dessen gar nicht bewusst ist, weiß sein Herz doch um diese Unterschiede, und seine Seele empfindet sie alle. Jede Landschaft ist anders, überall empfindet die Seele anders, sogar in jedem Moment, zu jeder Jahreszeit, immer. Und das Mädchen fühlt, dass dies alles nicht ohne Grund ist. Dass jeder kleine Stein nicht ohne Grund da ist, wo er ist. Das Herz des Mädchens achtet *alles* – und ‚achten' bedeutet, zu spüren, dass nichts ohne Grund da ist. Und es schon deshalb zu lieben, *weil* es da ist...

Und dann gibt es die übrige unbelebte Welt – die gewöhnliche Umwelt unseres Alltags. Aber sie ist nur für uns Alltag. Die unschuldige Zuneigung des Mädchens erstreckt sich auch auf diese Welt.

Die gewöhnliche Seele meint, die Gegenstände sind für *sie* da. Das meint sie ja schon bei Menschen, denn sie bezieht alles auf sich. Sie sitzt im Zentrum und richtet alles nach sich aus. Sie beansprucht die Dinge, sie verfügt über sie, sie *benutzt* sie – und das war es. Die Dinge haben ihr zu dienen. Ganz selbstverständlich. Mag ein Mensch es in seinem Beruf oder so noch so schwer haben – in Bezug auf die Dinge, zumindest zu Hause, ist er der selbstverständliche Diktator, der unbezweifelbare Herrscher.

Die Grundhaltung des Mädchens dagegen ist eine völlig entgegengesetzte. Man könnte sie als unendliche *Achtsamkeit* beschreiben. Aber Achtsamkeit, die auch wieder nichts anderes ist als eine geradezu fassungslos machende Liebe – sogar zu den Dingen.
Das Mädchen kann nicht einsehen, warum die Dinge ihm dienen sollten. *Sein* Impuls ist es, dankbar zu staunen, dass sie es *tun*. Und so schenkt es ihnen gleichsam seine ganze Dankbarkeit als Gegenleistung zurück...
All dies ist kaum zu beschreiben, denn man muss es empfinden. Es ist keine rationale Überlegung, es ist die Seelenstimmung des Mädchens, die ganze Färbung seines inneren Wesens. Auch hier wirkt der umgekehrte Wille. Das Mädchen erwartet nicht, dass die Dinge sich von ihm benutzen lassen. Es *hofft* gleichsam, dass sie es tun – und für das Mädchen tun sie es *gern*.

Das Mädchen begegnet sogar noch den Dingen mit tiefster Achtung. Wenn es an einem Tisch gegessen hat, dann wischt es hinterher nicht nachlässig die Krümel ab, sondern es tut dies mit aller Sorgfalt, weil es *dankbar* darüber ist, dass der Tisch ihm gedient hat, so treu, so lieb...

Das Mädchen liebt die Dinge eben auch deshalb – weil es sie *selbst* lieb findet. Weil es fast erschüttert darüber ist, dass Dinge so lieb sein können, dass sie *nur* dies tun: dienen...

Die Achtsamkeit wird auch von anderen Menschen geübt, sehr tiefgehend zum Beispiel im Buddhismus. Der Buddhismus will die Dinge und Wesen so erleben, wie sie *sind* – auch schon befreit von allem persönlichen Urteil und persönlicher Sympathie, und das ist schon viel, sehr viel. Aber was das Mädchen tut, ist mehr. Denn auch das Mädchen umstrickt die Dinge nicht mit seinem bloß persönlichen Seelischen, das es gar nicht hat. Auch das Mädchen begegnet allem so, wie es ist, mit einer unfassbaren Selbstlosigkeit. Aber dazu kommt diese unsägliche, sanfte *Zuneigung*. Bei dem Mädchen ist jede Achtsamkeit gesteigert zur aufrichtigen Zuneigung, jede Achtung gesteigert zu zarter Liebe...

Und so ist der Impuls von Achtsamkeit und Mitleid, wie er im Buddhismus lebt, beim Mädchen doch persönlich. Der Buddhist wendet sich der Welt in Mitleid wieder zu, nachdem er sie bereits überwunden hat. Es bleibt etwas ganz und gar Überpersönliches, gleichsam Übermenschliches.

Demgegenüber kann man sagen: Das Mädchen wendet sich von der Welt gar nicht erst *ab*. Seine Seele aber ist von vornherein so rein und unschuldig, dass sie sich gar nicht vom Persönlichen befreien muss. Sie *ist* davon schon befreit, insofern dieses Persönliche an der Liebe hindert. Dasjenige aber, was nicht hindert, das *darf* ja bleiben – denn es ist etwas Heiliges.

Das Mädchen *will* die Dinge und Pflanzen und Tiere und auch Menschen ganz persönlich lieben. Das gerade ist ja sein Wesen. Sein Persönliches ist gerade nicht persönlich. Und darum ist es heilig-individuell. Aber nicht über die Weltverneinung und aus der Weltabwendung heraus wieder umkehrend, sondern *in* der Welt seine ganze Unschuld bewahrend und diese Welt rein und innig liebend...

Der Buddhist findet die Liebe, nachdem er die Achtsamkeit gefunden hat. Das Mädchen *ist* achtsam, weil es liebt...

Das Mädchen hat so sehr jegliches Urteil abgelegt, dass es nicht einmal mehr dem Urteil anhängt, die Dinge müssten ihm dienen. Sie müssen es nicht. Sie tun es freiwillig. Und selbst wenn sie ,müssen', weil sie sich in irgendeiner Weise geopfert haben oder geopfert wurden, um jetzt so zu sein, wie sie sind – bringt das Mädchen ihnen seine tiefe, zarte Dankbarkeit entgegen. Dankbarkeit dafür, dass sie es tun...

Das also ist die Folge dessen, dass das Mädchen *nichts* für selbstverständlich nimmt – eine unerschöpfliche, immer tief aufrichtige Dankbarkeit gegenüber allem Einzelnen. Es ist keine Unsicherheit, keine Selbst-Unsicherheit. Das Mädchen *möchte* nichts selbstverständlich nehmen. Es möchte alles lieben und ihm dankbar begegnen. Dafür aber *darf* es nichts selbstverständlich nehmen. Und genau das tut es. Immer wieder neu. Die Seele des Mädchens ist rein wie Schnee. Immer wieder neu frisch gefallener Schnee. Nichts – nichts ist selbstverständlich. Es gibt keine Spuren. Erst muss man gehen. Und das tut das Mädchen so sanft wie möglich.

Im Grunde bewegt sich das Mädchen fortwährend in einer Sphäre des Heiligen. Seine eigene Seele ist etwas Heiliges – und es nimmt alles in diese Sphäre mit hinein. Nur dadurch bekommt alles diesen heiligen, ganz und gar unschuldigen Begegnungscharakter – weil die Seele des Mädchens selbst diesen *schafft*. Sie ist es, die sich ganz und gar öffnet, mit ihrem ganzen Wesen, die dieses Wesen *hingibt*, dieses aus

Liebe bestehende Wesen – und in dieser Liebe stehen alle
Dinge zu ihrem wahren Leben auf. Sie *offenbaren*, dass sie
dienen, und sie danken dem Mädchen für *seine* Dankbarkeit.
Selbst wenn das Mädchen sich dessen überhaupt nicht bewusst wäre, so kommuniziert es doch fortwährend leise und
heilig mit den Dingen – und sie mit ihm. Das Mädchen findet
die heilige Kommunion mit *allem*.

Das alles ... ist der Blick des Mädchens. In seinem Blick lebt
sein ganzes Herz. In seinem Blick strömt seine Seele aus, den
Dingen zu. Und zugleich öffnet es sein Herz und die Dinge
und ihr Wesen strömen *ihm* zu.

Das Mädchen ist ein Wunder. Es ist ein Wunder an Liebe und
Unschuld. An unschuldiger Liebe. An liebender Unschuld.
Niemand kann *seine* Sanftheit, seine zärtliche Zurückhaltung,
die zugleich Innigkeit ist, nachahmen. Das Wesen des Mädchens offenbart etwas abgrundtief Heiliges...

Siehe – der Blick des Mädchens...

Die Gefühlsregungen des Mädchens sind voller Aufrichtigkeit – wie sein Blick, der diese ganz spiegelt.

Niemand kann sich tiefer freuen als das Mädchen, denn die Tiefe der Empfindung hängt von der Aufrichtigkeit ab, und diese ist bei dem Mädchen so tief wie ein Meer...
Bei dem Mädchen steht noch kein Gedanke zwischen dem, was es wahrnimmt, und dem, womit sein Herz darauf antwortet. Seine Herzensregung ist aufrichtig, und kein Gedanke kann sie abschwächen oder sogar verhindern. Aus dem Meer seines guten Herzens steigt jede Empfindung so auf, wie sie in Wahrheit ist. Reines Glück, reine Freude, reine Trauer, reines Mitleid...

Die Tiefe einer Empfindung hängt davon ab, dass man sein Herz nicht dazu zwingen muss – oder dass man sie nicht verzweifelt suchen muss, um sie überhaupt zu haben. Das Herz des Mädchens ist reines *Leben* – und heilig-lebendige *Reinheit*. Unbeeinträchtigt von der modernen Herzenshärte und schleichenden Abstumpfung erheben sich die Empfindungen des Mädchens wie zarte, verletzliche Vögel, die arglos ihre Schwingen ausbreiten, nicht wissend, ob im nächsten Moment der Schlächter naht...

Was geschieht, wenn die Gefühle des Mädchens enttäuscht werden?

Die gewöhnliche Seele ‚lernt' daraus. Sie wird ‚realistischer', abgeklärter, misstrauischer – und verliert so ihre Unschuld immer mehr. Sie weiß nicht, wie sie sich selbst mit Härte, mit einem leisen Todesprozess durchzieht. Sie weiß nicht, wie sie sich ab-härtet, aber genau das tut sie.
Das Mädchen jedoch trägt in seinem Wesen die *Unschuld*. Und weil dies so ist, kann es diese nicht verlieren. Sein We-

sen ist es, diese bis zuletzt zu bewahren. Lieber verliert es alles andere...

Das Wesen des Mädchens ist es wirklich, dem, der es enttäuscht hat, auch noch ‚seine andere Wange' anzubieten... Gemeint ist, dass es immer zutiefst verletzlich bleibt, weil es sich immer verletzlich *hält*. Es gibt seine Unschuld niemals auf. Und *diese* ist es, die es so verletzlich macht – zugleich aber auch so unendlich schön, so einzigartig berührend. Das Mädchen ist die große Lehrerin der Unschuld. Es verteidigt sie mit seinem ganzen Leben – sein Leben *ist* diese Unschuld.

Die Unschuld ist das heilige Leben im Herzen des Mädchens. Würde es dieses Leben verlieren, wäre es nicht mehr Mädchen. Aber es bewahrt dieses Leben, diese Unschuld – um jeden Preis.

Natürlich würde auch das Mädchen einen Jungen, der es verspottet hat, nicht mehr mit dem gleichen grenzenlosen Vertrauen anschauen. Aber das ist auch nicht gemeint. Das *Leben* verwandelt sich immer. Die Frage ist nur, ob es dennoch Leben bleibt – oder ob es dabei stirbt. Das Leben im Herzen des Mädchens stirbt nie...

Sein reines Herz fühlt jede Empfindung *ganz*. Im Grunde hat das Mädchen mehr Mut als jede andere Seele – denn nur das Mädchen läuft vor keinem Gefühl weg. Schmerzliche Gefühle sind für das Mädchen kein Grund, diese nicht zu haben. Seine Seele kennt keinen ‚Mechanismus', diese zu verdrängen, zu unterdrücken, zu leugnen, nicht, sie zu rationalisieren oder in einer anderen Weise zu verändern. Im Grunde fühlt das Mädchen seine eigenen Empfindungen immer mit einer absoluten, heiligen Hingabe. Gerade darin liegt seine unschuldige Aufrichtigkeit, seine aufrichtige Unschuld.

Es flieht nicht vor dem Schmerz – es empfindet ihn in absoluter Aufrichtigkeit.

Wenn es einem Jungen begegnet ist, dem es, wie allen Menschen, vollkommenes Vertrauen entgegenbringt – einfach aus dem Grund, weil es *immer* erst an das absolut Gute in jedem Menschen glaubt –, und wenn dieser Junge das Mädchen dann verspottet, für seinen Spott benutzt, missbraucht, sich mit seinen unreinen Gefühlen und Impulsen der Spottlust an ihr vergeht – dann tut das Herz des Mädchens nichts, was es auch selbst erkalten lassen würde, sondern es geht *ganz* durch diesen Schmerz hindurch...

Das Mädchen empfängt den Spott mit einem reinen, wehrlosen Herzen. Aber dieses reine Herz *will* sich auch gar nicht wehren – es empfängt die Pfeile, wie sie kommen. Und sie treffen das Herz des Mädchens, und das Mädchen *fühlt* den Schmerz, ohne jede Abschwächung.

Niemand kann ermessen, was dieser aufrichtige Schmerz des Mädchens ist – mit aufrichtigstem Herzen einem anderen Menschen begegnend ... und mit aufrichtigstem, wehrlosestem Herzen seine Giftpfeile empfangend, ohne Abwehr...

Es ist, wie wenn der Blick des Mädchens, noch während es stirbt, fragen würde: ‚Warum tust du das...?‘ – in tiefem Leid nicht für *sich*, sondern nur tief leidend an dem Mangel an dem Heiligtum des Guten im Herzen der anderen Seele...

Aber das Mädchen stirbt nicht von einem Spott. Gemeint ist, dass es, selbst wenn es sterben *würde*, sterben müsste, seine Unschuld nicht verlieren würde. Es *bewahrt* das Leben seines Herzens gerade. Und dieses Leben, diese Unschuld blickt auch dann aus seinem Auge, wenn es verspottet wird.

Das Mädchen wird gegenüber diesem Menschen dann von nun an vorsichtiger sein, zurückhaltender, gleichsam mit einem wunden Flügel, verwundet, auch das ist eine Realität, in voller Aufrichtigkeit. Aber es wird *seine* eigene Unschuld nicht verlieren. Und diese bedeutet, wenn der andere Mensch es um Verzeihung bittet, dann wird es ihm mit fliegenden Fahnen verzeihen... Denn die Liebe trägt nichts nach, sie lässt sich nicht verbittern, sie hofft alles, sie glaubt alles, sie erduldet alles. Die Hoffnung auf eine neue Harmonie ist *immer* größer als vergangenes Leid.

Im Herzen des Mädchens führt vergangenes Leid in keinem noch so versteckten Winkel zu einer Verbitterung, zu Ablehnung oder auch nur Gleichgültigkeit. Noch seinen ,Feinden' eilt das Mädchen mit heiliger Freude entgegen, wenn sie ihren eigenen bösen Sinn zu wandeln scheinen... Das Mädchen reicht *immer* die Hand, auch wenn man es nicht sieht... Und sein Herz kehrt sich niemals ab, es bleibt immer *zugewandt*, Zuwendung, Liebe, auch wenn es warten muss...

Die Regungen des Mädchenherzens sind viel zarter als die der gewöhnlichen Seele. Das Mädchen *muss* sein Vertrauen mindern, wenn es enttäuscht wurde. Aber das bedeutet nicht, dass es nicht mehr vertrauen *wollte*. Vorsicht ist etwas anderes als Misstrauen. Und selbst die Vorsicht ist beim Mädchen so zart wie seine ganze Seele.

Vorsicht bedeutet im Blick des Mädchens: ,Du hast mich einmal verletzt. Du kannst mich wieder verletzen, wenn du willst. Ich weiß jetzt, dass du es kannst. Ich weiß nicht mehr, was du beim nächsten Mal tun wirst. Ich verschließe mein Herz nicht. Sende deine Pfeile, wenn du willst. Ich biete dir nicht mehr mein *ganzes* Herz, und trotzdem noch immer unendlich viel mehr als jeder andere Mensch.'

Wenn es zu einer neuen Begegnung kommt, wird das Mädchen eine unbeschreibliche *Zurückhaltung* zeigen, die aber in keinster Weise Ablehnung bedeutet, nur scheue, zarteste Vorsicht, die zugleich aber doch nur eine innigste Hoffnung auf neues Vertrauen in sich birgt. Der Wille, das *Gute* vom anderen Menschen zu denken, ist im Mädchen immer unbeschreiblich heilig anwesend. Es sucht den kleinsten Hinweis, dieses Gute wieder *ganz* denken zu dürfen. Sein ganzes Wesen ist Hoffnung auf diese Wende... Solange sich kein Hinweis auf diese Wandlung zeigt, lebt das Mädchen in scheuer Zurückhaltung, und dennoch wird es, angesprochen, sich wieder zu dem Jungen umdrehen, und erneut wird ihn die ganze Unschuld ihres Blickes treffen...

*

Und nehmen wir die *Freude* des Mädchens... Denken wir daran, dass das Herz des Mädchens sich gar nicht würdig empfindet, irgendetwas zu bekommen. Das Mädchen ist von einer grenzenlosen Bescheidenheit. Deshalb aber ist seine Freude, auch bezogen auf sich, größer als bei jedem anderen Menschen. Keine Erwartung, keine Gewohnheit können sie schmälern, schal oder oberflächlich werden lassen.
Nehmen wir an, eine Gemeinschaft, vielleicht die Klasse seiner Schule, schenkt dem Mädchen eine Kleinigkeit zu seinem Geburtstag. Obwohl das Mädchen vielleicht weiß, dass dies an allen Geburtstagen üblich ist, und obwohl es sich mit aufrichtiger Liebe an den Geschenken für die Anderen beteiligt, kann es in seiner Seele gleichsam nicht verstehen, warum man an seinem Geburtstag auch an es denkt... Hier liegt gleichsam eine Scham, ein Staunen: Wieso denkt ihr denn an *mich*? Das Mädchen muss so fragen, denn es selbst denkt ja an sich so absolut nicht...

Und doch ist gerade deshalb auch eine tiefe, allertiefste Freude möglich. Das Mädchen kann es kaum glauben. Es freut sich über das Kleine viel mehr als über das Große – hat es doch selbst eine Liebe zum Kleinen, eine heilige Andacht gegenüber allem. Es *möchte* nichts Großes – aber das Kleine kann es lieben...

Wenn es dann ein solches Geschenk bekommt, was es lieben kann, weil man auch weiß, was das Mädchen liebt und ihm nicht etwas völlig Geschmackloses geschenkt hat – dann freut es sich aber dennoch am allermeisten über die Geste. Über das Wunder, dass man an es gedacht hat, dass es an diesem besonderen Tag seines Geburtstages für einen Moment wirklich im Mittelpunkt steht. Für das Mädchen ist dies trotz allem ein Wunder. Und die Geste erschüttert es – und es freut sich *von Herzen*, in erschütternder Aufrichtigkeit.

Leuchtend, in liebender Dankbarkeit, geht sein Blick von einem zum anderen, voller Freude, voller Liebe gegen jeden Einzelnen – egal, ob der Einzelne sich um dieses Geschenk gar nicht gekümmert hat, für das Mädchen hat jeder *Einzelne* ihr dieses Geschenk gemacht, und ihr dankbarer Blick, ihre unschuldige Freude und geschwisterliche Liebe trifft jeden Einzelnen, schenkt sich jedem Einzelnen...

Das Herz des Mädchens sieht jeden Einzelnen – und schenkt sich ihm. Das ist der Blick des Mädchens...

*

Trauer... Wenige Empfindungen sind für die heutige Seele so schwer wie die Trauer. Die Menschen laufen vor ihr weg, wissen nicht mehr, wie sie trauern können, schützen sich vor einer solchen Empfindung, und doch gibt es immer mehr Bücher über ‚Trauerarbeit‘ und ähnliches – weil die Seelen verlernen, aufrichtige Gefühle überhaupt noch zu haben, und dennoch die Sehnsucht danach in der Seele lebt.

Das Mädchen läuft auch vor der Trauer nicht weg. Wie jedem anderen heiligen Gefühl überlässt es sich ihm *ganz*. Es gibt sich in seine Hände – es schenkt sich auch der Trauer, und die Trauer schenkt sich ihm...

Nehmen wir an, das Mädchen hat einen sehr geliebten nahestehenden Menschen verloren. Sein Herz muss nicht nachdenken, wie man trauert – und jedes andere Herz könnte es von dem Mädchen lernen. Es ist eigentlich immer die *Liebe*, die sich im Herzen des Mädchens in jedes andere Gefühl verwandelt.

Wenn es Spott wie giftige Pfeile empfängt, dann verwandelt sich seine Liebe in ein reines Herz, das *verwundet* wird. Aber es bleibt Liebe... Wenn das Mädchen nun diesen sehr geliebten Menschen verliert, verwandelt sich seine tiefe Liebe in tiefe Trauer. Sie verwandelt sich in Traurigkeit, Vermissen, Schmerz – und bleibt doch immer Liebe, tiefe, tiefe Liebe.

Die Trauer gehört zum Leben, denn das einzig Wichtige ist immer die Liebe – und Trauer *ist* Liebe. Darf die Trauer nicht da sein, tötet man das Leben selbst.

Es ist ganz falsch, würde man denken, dass die Trauer weder dem Verstorbenen noch dem Trauernden hilft, also ganz sinnlos sei. Ein solches Denken impliziert, dass es im Leben darum gehe, ‚glücklich‘ zu sein – und dies wiederum bedeuten würde, nur ‚positive‘ Gefühle zu haben, niemals traurige, niemals Gefühle in ‚Moll‘.

Ein solches Denken begreift nicht oder hat nicht den Mut zu der Erkenntnis, dass die Tiefe und der Reichtum des Lebens nicht in einem abstrakten ‚Glück‘ besteht, sondern dieser einzig und allein in dem Maß an *Liebe* liegen kann, das die Seele in sich finden kann.

Die trauernde Seele ist vielleicht nicht ‚glücklich‘ im gewöhnlichen Sinne – weil da ‚traurig‘ und ‚glücklich‘ Gegensätze zu sein scheinen –, aber sie ist reich und gesegnet, denn sie *liebt*.

Es geht nicht darum, dass es der Seele des Verstorbenen jetzt vielleicht viel besser geht, dass sie ‚im Himmel‘ ist, dass sie nicht mehr leiden muss und so weiter. Das alles sind Gedanken, die nicht der Gefühlsrealität entsprechen. Sie können dazukommen – und das Mädchen hat sie vielleicht auch zu Hilfe, und dennoch geht es in diesem Moment nicht *darum*. Sondern es geht darum, dass der Erdenweg dieses Menschen zu Ende ist, auch der gemeinsame Erdenweg mit diesem Menschen, und dass das Mädchen diesen Menschen jetzt unendlich *vermisst*. Das ist die Gefühlsrealität hinter jeder Trauer, und das Mädchen hat diese Empfindung *ganz*, in voller Aufrichtigkeit.

Es schämt sich seiner Trauer nicht, in tiefer Hingabe gibt es sich ihr hin. Es *vermisst* diesen geliebten Menschen. Es weint um ihn – es weint und vermisst... Reines Herz...

Es *will* gar nicht glücklich sein – denn es ist ja traurig... Wenn andere Pflichten an es herantreten, erfüllt es sie ergeben. Wenn andere Menschen etwas von ihm wollen, versucht es, sich selbst zu bezwingen und ihnen gegenüber freundlich zu sein, denn auch jetzt versucht es, so selbstlos wie möglich zu sein. Aber wenn es kann, kehrt es immer wieder zu seiner Trauer zurück, denn hier hat es geliebt und hier ist ein Faden zu Ende, ein gemeinsamer Weg getrennt, zumindest auf Erden, im Leibe.

Sein Herz ist dann noch immer bei dem geliebten Menschen, innig, voller Sehnsucht, voller Liebe, voller Dankbarkeit, voller Entbehrung. Die ganze Trauer des Mädchens besteht aus inniger Liebe – und innigem, aufrichtigem Leid...

Das Mädchen braucht nicht zu wissen, dass seine Gefühle das Lebendigste sind, was es auf Erden gibt. Und es braucht nicht zu wissen, dass das Leben immer zu einer Wandlung führt. Es braucht sich seinen unschuldigen Empfindungen nur zu überlassen. Und die Empfindungen nehmen es mit – auf ihre Reise durch das Leben, durch *ihr* Leben...

Jede Empfindung wandelt sich, weil sie selbst etwas lebendiges ist. Ein Baum wächst. Man sieht es nicht. Aber wenn ein Jahr vorüber ist, hat er einen neuen Ring gebildet – und der Ring ist Zeugnis des Lebens selbst.

So ist es auch mit der Trauer. Sie geht durch das Leben, sie fügt dem Herzen neue Lebensringe hinzu – und wandelt ihre Form. Jedes Gefühl, das Teil des *Lebens* ist, kann nicht zu einem Tod führen. Es führt zu neuem Leben.

Wer einmal aus tiefstem Herzen geweint hat – alle, alle Tränen, die geweint werden wollten –, dessen Seele hat selbst erlebt, das am Ende all dieser Tränen eine zarte, heilige Erlösung lebt, ein sanfter, wahrhaft überirdischer Friede, der die Seele einhüllt, die ihre wahrhaften Empfindungen zulassen konnte... Jedes Leid ist ein Geschenk, ob die Seele dies weiß oder nicht. Am Ende offenbart sich, dass das Leid immer *mehr* ist als nur Leid, viel, viel mehr...

Wenn das Mädchen um diesen geliebten Menschen trauert, wenn es in voller Hingabe seines unschuldigen Herzens innig *vermisst*, Tränen reiner *Liebe* um ihn weint, dann geschieht etwas. Es ist das Leben selbst, das mit einem heiligen Engelsflügel durch das Herz des Mädchens hindurchzieht.

Und nach und nach wird dieser heilige Engel der Trauer seinen heiligen Frieden in dem Herzen des Mädchens zurücklassen. Ein Friede, der das Herz des Mädchens noch mehr als zuvor in einer ‚Moll'-Stimmung färbt, der ihm aber nicht das Glück nimmt. Das Glück des Mädchens ist die Liebe seines Herzens – und diese wird nur noch *tiefer*. Jedes Leid vertieft die Seele. Jedes Leid macht die Seele mehr zu einem leuchtenden, heiligen Diamanten... Das Mädchen ist dies schon so sehr. Aber das Leid vertieft selbst *seine* Seele noch...

In der Trauer geht es nie um ein egoistisches Sich-Klammern an den Gegangenen. Es geht um einen *Abschied*. Einen Abschied mit ganzem Herzen, in tiefster, vermissender, tränenheißer Liebe... Aber irgendwann schenkt sich dieser Liebe jener überirdische, heilige Friede, der sich mit ihr verbindet. Und dann *weiß* das Mädchen, dass es dem Verstorbenen gut geht. Dann fühlt es, dass es ihn gehen lassen kann und dass es ihn doch nicht verliert. Dann fühlt es, dass der Verstorbene auch ihm von drüben Segen schickt, heilige Grüße, von Seele zu Seele. Abschied ... und neues Band...

Trauer und inniges Vermissen wird liebevolles Gedenken. Gemeinsame Gegenwart wird heilige Vergangenheit und leise wartende Zukunft. Liebe wird und bleibt Liebe...

Das ist die Mission der Trauer, ihre heilige Aufgabe: die Liebe nie verlorengehen zu lassen. Sie in ein unvergängliches Band zu weben, das sogar über den Tod hinausreicht, von Leben zu Leben, von Erde zu Himmel und wieder zurück, über alle Grenzen hinaus. Liebe. Das Herz des Mädchens ist immer Liebe.

Und der Verstorbene schickt Segen so konkret wie nur denkbar. Man erwacht nicht nur wieder zum (übrigen) Leben – der Verstorbene selbst schickt neue Kraft dafür. Das Mädchen mit seinen feinen Empfindungen kann dies vielleicht am zartesten spüren – selbst wenn es dies nicht verstehen sollte. Es ist, wie wenn es sein Herz schließlich sanft berührt oder ergriffen fühlte – und wieder zurückgesandt in diese Welt... Wie wenn der Verstorbene selbst ihm für seine treue Trauer danken würde und es wieder sanft umwenden würde, seine ganze Liebe wieder *dieser* Welt zu schenken, gesegnet von einer Kraft, die aus den Himmeln selbst kommt...

Andere Menschen brauchen ‚Trauerarbeit'. Das Mädchen folgt einfach seinem Herzen. Und das Herz führt es durch die ganze Trauer hindurch ganz am Ende wieder zurück in das Leben. Heiliger Weg, heilige Unschuld...

Aber nehmen wir an, das Mädchen hätte seine große Liebe verloren – den einzigen Menschen, in den es sich *noch* tiefer verliebt hatte als in alles andere.

Dann kann es sein, dass seine Trauerzeit sein ganzes Leben dauert... Was noch immer nicht bedeutet, dass es am Leben keinen Anteil mehr nimmt. Aber es bedeutet, dass die ‚Moll'-Stimmung eine unauflösliche Melodie seines Lebens geworden ist. Mögen noch so viele Menschen kommen, die es wieder ‚aufheitern' und ‚auf andere Gedanken bringen' wollen – das Mädchen wird seine Liebe nie verleugnen, und es wird diesen einen Menschen *für immer* lieben. Es wird kein Anderer mehr kommen, den es jemals *so* lieben würde...

Vielleicht wird das Mädchen dennoch wieder jemanden lieben, nach langer Zeit, vielleicht wird es eines Tages sogar heiraten, Kinder bekommen. Dennoch wird es diese *erste* Liebe nie vergessen – und auch ihr immer treu bleiben. Das ist das reine Herz des Mädchens. Es ist nicht pragmatisch, es ist *aufrichtig*. Eine Liebe, die es einmal gefühlt hat, vergisst es nie wieder, nie mehr.

Und man kann wieder fragen: welchen Sinn hat das? Hat es nicht viel mehr Sinn, sich dem Leben wieder zuzuwenden und glücklich zu sein, als etwas hinterherzutrauen, was man doch nicht ändern und doch nicht wieder herholen kann?

Aber so denkt das Mädchen nicht. Und vor allem *fühlt* es so nicht. Es verleugnet seine Liebe nicht. Es ist ihm egal, ob es so vielleicht ein Leben lang unglücklich ist – hat es doch auch noch nie irgendein Gefühl geflohen. So würde es selbst lebenslangen Schmerz nicht fliehen. Es würde in ihm auch nicht verbittern, nicht verhärten, es würde ihn nur *fühlen*. Eine lebenslange Trauer, weil es einen Menschen mit einer Liebe geliebt hat, die für ein ganzes Leben reichen sollte und gereicht hätte... Das ist das Herz des Mädchens...

Es wird an dem Leben weiter Anteil nehmen, es wird sein ganzes Wesen weiter dem Leben schenken, es der Welt nicht egoistisch vorenthalten. Es wird sich auch nicht depressiv oder selbstbezogen an seine Trauer klammern. Doch niemand kann ihm sagen, was es in einsamen, ruhigen Stunden wirklich fühlen wird. Niemand kann ihm verbieten, dann an jenen *einen* Menschen zu denken, den es mehr geliebt hat als jeden anderen Menschen. Siehe – die *Treue* des Mädchens...

Das Mädchen ist eigentlich immer *Liebe*. Dort, wo im Herzen kein Selbstbezug lebt, kann nur der andere Impuls leben: Zarte, heilige Zuwendung zu allem anderen. Im Grunde sieht man dies in jedem einzelnen Blick des Mädchens. Denn seine Unschuld besteht gerade in dieser aufrichtigen Zuneigung gegenüber *allem*.

Aber es ist gerade die Liebe, die am tiefsten auch das Leid kennt. Und so ist das Leid der andere große, treue Begleiter des Mädchens...

Das Mädchen hat eine unendliche, unstillbare, unerschütterliche Sehnsucht nach dem *Guten*. Diese Sehnsucht ist so aufrichtig, dass sie niemals abstumpft, niemals einschläft, niemals geringer wird.

Es ist deutlich, dass damit ein immerwährendes Leid verbunden ist, denn das Herz des Mädchens fühlt auch, wo dieses Gute verfehlt wird, unterlassen wird, ja oft sogar bekämpft wird. Das Mädchen fühlt *alles* – es macht sein Herz zum Schauplatz für das Schicksal der ganzen Welt.

Das beginnt schon mit der Schönheit. Das Mädchen hat eine tiefe Sehnsucht nach dem *Schönen*. Es kann nicht verstehen, warum die Straßenschluchten so hässlich sind, die moderne Kunst so zerrissen, warum alles ins Gewöhnliche, ja Vulgäre hinabgezogen wird. In der modernen Seele lebt eine Art Sucht nach dem Hässlichen, nach Brutalität und Horror. Die Seele des Mädchens erschrickt davor – sie kann es nicht verstehen.

Das Mädchen versteht auch nicht, wie etwas nur ‚effizient' gestaltet sein kann, effizient, praktisch, aber seelenlos. Wie Kartons, Möbel, Häuser – wie all das einfach nur eckig und schmucklos gestaltet sein kann. Es versteht nicht, warum die anderen Seelen keine Sehnsucht nach *Schönheit* haben – offensichtlich keine so tiefe Sehnsucht wie seine eigene Seele. Die Schönheit ist für seine Seele dasselbe wie die Luft zum Atmen für die Lunge seines Leibes.

Aber diese tiefe und zugleich zarte Sehnsucht setzt sich ohne jede Unterbrechung in die innermenschliche Schönheit fort. Das Mädchen sehnt sich danach, dass man schön miteinander *umgeht* – und das gerade ist dieses heilige Gute. Es beginnt aber schon mit der Sprache. Auch mit ihr soll man schön umgehen. Man soll auch die Sprache liebhaben. Die Worte schön sprechen, nicht lieblos. Schöne Worte benutzen, nicht hässliche, nicht gemeine.

Warum sind gerade Mädchen für Poesie so empfänglich? Weil ihr eigenes Herz der Poesie so nahe ist. Und das Herz des unschuldigen Mädchens ist *selbst* reinste Poesie. In der Poesie wird die Sprache geheiligt – Sprache in tiefster Schönheit. Im Herzen des Mädchens wird *alles* geheiligt. Es ist Poesie, die sich zur Religion erhebt. Liebe. Heilige Poesie...

Aber das Mädchen meint es damit ernst. Und deshalb leidet es auch *wirklich* an jedem hässlichen, lieblos gesprochenen Wort – auch wenn es sich dessen vielleicht nicht klar bewusst wird. In Wirklichkeit leidet es in jedem Moment an der Verletzung des Schönen, was immer auch eine Verletzung, eine Schändung der Liebe selbst ist. Ein ungeheurer Mangel an dieser heiligen Liebe, die überall so schmerzlich fehlt...

Das Mädchen versteht nicht, wie man überall so empfindungslos sprechen kann. So hart, so lieblos. In der Sprache *zeigt* sich die Liebe doch. Aber nirgendwo ist sie da. Überall wird ,sachlich' gesprochen. Sachlich, effektiv, abgehärtet, vielleicht sogar gemein, hart, verletzend. Überall leidet das Mädchen an dem Mangel an Liebe.

Man *kann* erst wirklich empfindsam werden, wenn man es bis in das Kleinste ist. Und das Herz des Mädchens sieht und empfindet alles. Ein achtlos auf die Straße geworfenes Kaugummipapier... Würde man jetzt sagen: ‚Ach, Gott, haben wir keine größeren Probleme?', würde man das Herz des Mädchens völlig missverstehen. Die Liebe *kann* nicht an einem Punkt Halt machen. Tut sie es, versündigt sie sich gegen sich selbst – und verhärtet, ohne es zu merken. Das Herz des Mädchens empfindet selbst noch da Schmerz, wo wir schon gar nichts mehr sehen...

Aber was ist dann mit der Abstumpfung? Oder was ist mit den großen und größten Schrecken?

Jede menschliche Konfrontation macht das Mädchen leise fassungslos. Es versteht nicht, wie man Konflikte haben muss; wie man sie nicht friedlich lösen kann; wie nicht die innerste Sehnsucht die nach *Harmonie* sein kann, sondern etwa nach ‚Rechthaben' oder sogar nach ‚Sieg' oder gar ‚Demütigung'. Das Herz des Mädchens versteht nicht, wie andere Herzen nicht das *Gute* wollen können, sondern etwas anderes...

Wenn es kann, versucht es zu helfen, die Harmonie zu finden. Aber es hat es schwer, denn oft fehlen ihm schon die Worte. Das Herz ist nicht so schnell wie der Verstand. Die Empfindungen sind viel schneller, sie sind immer da – aber die Worte zu finden, das kann der Verstand viel besser. Verletzen kann er so unendlich schnell, aber wiederaufbauen? Heilen? Trösten?
Wenn die anderen Menschen ihm *zuhören* würden, dann würde das Mädchen immer und immer wieder versuchen, zu erklären, was das eigentlich Wichtige ist. Aber es ist ja am unwichtigsten von allen – niemand möchte ja wirklich zuhören. Jeder möchte lieber weitermachen, mit seinen Verletzungen, mit seinem Verletztwerden, mit dem Zurückschlagen. Mit dem Nicht-Zuhören, dem Gewöhnlichen, dem Abgestumpften. Es wird ja gar nicht *verstanden*. Das Mädchen findet ja

gar keinen Zugang zu den anderen Herzen... Sie wollen ja alle bleiben, wie sie sind.

Das ist das große Leid des Mädchens – dass es *einsam* ist. Einsam mit seinem aufrichtigen Herzen, mit seiner Unschuld. Dass niemand sonst da ist, der diese Sehnsucht hat, so ehrlich, so tief, so ernst. Es steht da, es muss die Welt sehen, sein Blick schaut auf eine Welt, die es nicht verstehen kann... Fassungslos, tief traurig – und selbst *das* dann wieder akzeptierend, hinnehmend, in tiefster Hingabe, und sich bemühend, mit allem, was es hat, etwas dazu beizutragen, dass es besser wird, wo auch immer...
Das Mädchen gibt nie auf. Es leidet immer – aber es gibt nie auf. Es behält immer die Hoffnung. Und es schenkt immer *sich*, sein eigenes Wesen, seine eigene Aufrichtigkeit. Alles, was es hat, sein ganzes Wesen – in jedem kleinen Moment schenkt es dies...

Die großen Schrecken dieser Welt gehen über das Fassungsvermögen des Mädchens ganz hinaus. Sie gehen auch über *unser* Fassungsvermögen hinaus, aber in unserer Abstumpfung bemerken wir dies gar nicht. Dann werden Kriege eine gleichartige Nachricht wie ein gewonnenes Bundesligaspiel irgendeiner Mannschaft. Es gibt keinen Unterschied, weil es keine innere Regung mehr gibt. Das Herz bleibt kalt, was auch geschieht.
Das Mädchen kann dies nicht ertragen. Es würde zusammenbrechen, wenn es alles Schreckliche dieser Welt an sich heranlassen müsste. Es schützt sich nicht aus Selbstsucht, sondern weil es es nicht *schafft*. Es verzweifelt im Angesicht der Welt. Es *kann* im Grunde nicht mehr glücklich sein, sobald es weiß, was in der Welt alles geschieht. In diesem Moment hat das Glück des Mädchens eigentlich aufgehört zu existieren...

Von diesem Moment an ist jedes kleine Glück immer nur noch ... Glück im Leid, inmitten großen Leides. Hat das Mädchen einmal Bilder vom Krieg gesehen, kann es diese – und das, was sie bedeuten – nie wieder vergessen. Und sein Herz brennt vor Sehnsucht – Sehnsucht, etwas zu tun; Sehnsucht, dass das *aufhört*; Sehnsucht, dass die Menschen lernen, das Schreckliche zu fühlen; Sehnsucht, dass auch die anderen Menschen diese Sehnsucht zu fühlen beginnen. Die unfassbare Sehnsucht nach dem Guten. Das aufrichtige Leiden an dem Bösen.

Aber die übrigen Menschen fliehen das Leid und suchen das Glück. Sie fliehen in die Abstumpfung, um weiter Glück fühlen und Glück suchen zu können, nicht Leid, sondern Glück. Und das Mädchen bleibt *allein*. Und das Mädchen bleibt einsam. Einsam und allein mit seinem aufrichtigen Herzen...

Das Leid stört das Mädchen nicht. Es hat ja sein ganzes Leben lang kein einziges Gefühl gemieden, es kennt das Leid ja von Anfang an. Die Seele des Mädchens ist Hingabe, welches Gefühl auch kommen mag. Das Leid ist nicht das Schlimme. Nur die Einsamkeit ist es. Dass niemand sonst mit ihm leidet. *Daran* leidet es – an diesem Alleinsein. Aber selbst dieses Leid nimmt es hin. Selbst die Einsamkeit nimmt es hin. Und dennoch hofft es ... dass auch die anderen Menschen lernen können, das Gute so bedingungslos zu lieben.

*

Der Blick des Mädchens... Fassungslos starrt das Mädchen auf den Fernseher, aus dem die Nachrichten kommen, die gesprochen werden, wie sie aufgenommen werden: fast ohne jede Rührung.

Hilflos blickt es auf zwei Jungen, die miteinander herumalbern und cool die Sprache schänden, ohne zu wissen, dass sie mit etwas Heiligem umgehen. Wie gerne würde es etwas sagen, aber es findet die Worte nicht – und die Jungen würden es ja sowieso auslachen.

Traurig sieht es auf der Straße ein Kaugummipapier – am liebsten würde es dieses aufheben, aber direkt daneben liegen ja Dosen, Tüten, anderer Müll, alles, alles achtlos hingeworfen, von unzähligen Menschen, die sich selbst vielleicht auch hingeworfen empfinden...

Es sieht Meldungen, es sieht Werbung, tausend Dinge – alles ohne Schönheit. Entweder nur sachlich oder sogar aufdringlich, aggressiv, Aufmerksamkeit erzwingend, aber ohne Schönheit, so sehr ohne Schönheit...

Immer weniger sieht das Mädchen, woran es überhaupt anknüpfen kann, wo es einen Rest von Heimat empfinden kann. Immer fremder wird die Welt seinem unschuldigen Herzen. Und sein Leid und seine Einsamkeit wächst ins Unvorstellbare, je mehr die Menschen ihre eigene Aufrichtigkeit vergessen und betäuben und schänden. Niemand kann sich vorstellen, wie allein das Mädchen *wirklich* ist.

Und doch schenkt es sich ganz. Und doch verliert sein Blick nie die Hoffnung. Und doch sucht es fortwährend, wo es anknüpfen kann, etwas tun kann, wo seine Liebe noch gebraucht wird, gewollt wird. Das Mädchen ist *immer* voller Hoffnung, voller Vertrauen, voller gutem Willen – noch im tiefsten Leid. Die hoffnungsvolle, vertrauende Unschuld des Mädchens ist unfassbar.

Siehe – der Blick des Mädchens...